私募
股权投资
一本通

图解版

曾 增◎编著

PRIVATE EQUITY INVESTMENT

中国铁道出版社有限公司

CHINA RAILWAY PUBLISHING HOUSE CO., LTD.

内 容 简 介

　　本书是一本介绍私募股权投资的综合性书籍，全书共 11 章，主要包括 3 个部分的内容，第一部分主要介绍私募股权投资的基础内容；第二部分按照私募股权投资融资企业事件的发生顺序，介绍私募股权投资的设立、募集、管理、投资及退出等内容；第三部分主要介绍融资企业在私募股权融资过程中需要警惕的陷阱，以及私募股权的一些投资案例。

　　本书整体结构完整逻辑性强，采用全图解的方式介绍知识。同时，书中安排大量的私募股权投资实例，可以加深读者对私募股权投资的理解。因此，无论是刚开始起步的创业者，还是具有一定创业经验的经营者，或者是有融资需要的中小企业经营者，相信本书都能为其带来帮助。

图书在版编目（CIP）数据

私募股权投资一本通 : 图解版 / 曾增编著 . —北京：

中国铁道出版社，2018.1（2022.1 重印）

ISBN 978-7-113-23861-2

Ⅰ . ①私… Ⅱ . ①曾… Ⅲ . ①股权－投资基金－图解

Ⅳ . ① F830.91-64

中国版本图书馆 CIP 数据核字（2017）第 243201 号

书　　　名：私募股权投资一本通（图解版）
作　　　者：曾 增

责任编辑：张亚慧　　　编辑部电话：（010）51873035　　　邮箱：lampard@vip.163.com
封面设计：MXK DESIGN STUDIO
责任印制：赵星辰

出版发行：中国铁道出版社有限公司（100054，北京市西城区右安门西街 8 号）
印　　刷：佳兴达印刷（天津）有限公司
版　　次：2018 年 1 月第 1 版　　2022 年 1 月第 3 次印刷
开　　本：700 mm×1 000 mm 1/16　印张：18.5　字数：222 千
书　　号：ISBN 978-7-113-23861-2
定　　价：49.00 元

前 言

P R E F A C E

　　二十多年前，私募股权投资已风靡国外，但是在国内却还是一个鲜为人知的事物。如今随着国内经济的发展，私募股权投资也得到了快速发展，很多国内的企业也通过私募股权投资基金创造了一个又一个财富神话，从而吸引着众多怀揣梦想的创业者和企业家。

　　但很多人对私募股权投资总是抱着"只可远观，不可亵玩焉"的心态。究其根本，主要是很多人认为私募股权投资"高大上"，离老百姓很遥远，其实不然。融资企业希望能够得到私募股权的垂青，使企业得到资本注入，从而快速发展；私募也希望能够通过融资企业的发展得到高额回报，二者的目标都是一致的，所以并不存在所谓"遥远"的问题，只是许多融资企业的经营者对私募股权了解得并不多。

　　本书是为了拉近融资企业与私募股权投资之间的距离而编写，按照私募股权投资过程的发展顺序，详细介绍了企业寻求私募股权融资所需了解的相关内容，目的在于帮助融资企业获得来自私募股权投资机构的资金、资源及管理等方面的支持，从而使企业得到快速的发展。

本书包括 11 章内容，具体章节的内容如下所示。

◎ 第一部分：1 ～ 2 章

　　本部分内容主要介绍了私募股权的基础知识和私募股权投资的运作过程，通过对这部分内容的阅读，帮助读者对私募股权投资内容有一个大致的了解。

◎ 第二部分：3 ～ 9 章

　　本部分按照私募股权的投资流程，主要介绍了私募股权的设立情况、具体投资人、私募基金机构内部管理情况、融资企业价值评估、如何投资融资企业、投后对融资企业的管理及如何退出融资企业等内容。

◎ 第三部分：10 ～ 11 章

　　本部分主要是介绍融资企业进行私募股权融资时需要预防的一些陷阱，以及介绍一些经典的私募股权投资案例，加深对私募股权投资的理解。

书中采用图解的方式，将原本复杂、凌乱及难懂的各种关系，通过图形的方式进行描述，使文章内容变得简洁、直观及更容易被理解，也避免了读者由于大段文字阅读而产生疲倦感。在语言方面力求简洁、通俗；结构方面内容根据事件的发生顺序进行描述，便于读者对整个私募股权投资过程的理解；内容方面采用了大量的实际投资案例，大大地拉近了私募股权投资与读者之间的距离。

最后，希望所有读者都能够通过对本书的阅读得到益处，由于编者能力有限，对本书内容不完善的地方希望获得读者的指正。

编　者
2017 年 9 月

目 录

CONTENTS

01 CHAPTER 走进私募股权投资的世界

提及"投资",简单来说就是一个低买高卖的过程,私募股权投资亦是如此,不必将其看得遥不可及,实际上有很多的创业公司都是通过私募股权融资,从而完成了企业的发展。

02
CHAPTER

融资企业需要知道的私募运作过程

对于融资企业而言，私募股权投资如何寻找投资项目、如何投资及投资后如何管理等都需要了解。换而言之，了解私募股权投资的运作，在一定的程度上也可以帮助融资企业更好地完成融资。

03
CHAPTER

了解不同类型的私募股权基金设立

虽然私募股权投资能够为企业带来资金，使得企业得到发展，但是融资企业需要注意的是私募股权基金也分为不同的类型。他们的组织形式、管理方式及公司结构都不同，其对融资企业的投资也不同。

"受人之托，代人理财"的信托制·············· 67

04
CHAPTER

认识融资企业真正的投资者

私募股权投资虽然是投资机构直接进行投资，但是资金的来源并不是机构的自有资金，而是来自于私募基金投资者，所以企业在融资之前还需要了解投资自己的真正投资者。

私募股权基金的募集·····················74

05
CHAPTER

明确私募股权投资公司的管理情况

之前对于不同类型的私募股权进行了简单的了解。除此之外，融资企业还需要对不同类型私募股权基金公司的管理情况进行了解，这样才能够对不同类型的私募股权公司进行比较和分析，从而选择出适合自己企业的私募股权基金类型。

06
CHAPTER

融资企业的价值评估

对融资企业而言，在私募股权投资的过程中，重要的是私募投资机构对于融资企业的价值评估。因为好的价值评估能够为企业带来合理的资金注入，使得企业得到发展，而不准确的估值往往会给企业带来无法挽回的损失。

07
CHAPTER

私募股权公司如何具体投资企业

对于融资企业而言，引进私募股权投资并非简单的股权融资，选择不同的融资工具、融资时间、私募股权机构及不同的融资方式都会给企业带来不同的效果，除此之外还需要考虑，除了资金，私募股权机构还能够给企业带来什么资源。

08
CHAPTER

对融资企业的投后管理

私募股权投后管理也是私募股权投资重要的一部分，有的融资企业经营者认为私募投资机构对企业进行投后管理是对自己企业实控权的威胁，其实不然，积极有效的投后管理往往能够使投资项目发展得更顺畅。

投后管理中的问题项目"信号" 211

09
CHAPTER

私募如何退出融资企业

融资企业获得私募股权投资资金，迅速发展，进入轨道之后，私募股权投资机构就会寻求退出机会。私募股权投资机构的退出不仅对其本身非常重要，对于融资企业同等重要，因为其中不仅关系到投资者的收益问题，也关系到融资企业的股权结构问题。

投资人最喜欢的退出方式——IPO 218

10
CHAPTER

识别私募股权投资中的陷阱

对于私募股权投资，不可否认的是，它确实能够为融资企业带来资金、管理及资源上的帮助，从而使得企业得到快速地发展。但是在私募股权投资中却隐藏着各种各样的风险，需要引起融资企业的注意。

11
CHAPTER

经典私募股权投资案例解析

通过前面对私募股权投资相关知识的介绍，相信应该拉近了融资企业与私募股权投资的距离，下面通过整理与分析几个经典的私募股权投资案例来进一步加深对其的理解。

第1章

走进私募股权投资的世界

提及"投资",简单来说就是一个低买高卖的过程,私募股权投资亦是如此,不必将其看的遥不可及,实际上有很多的创业公司都是通过私募股权融资,从而完成了企业的发展。下面走进私募股权投资的世界,感受其魅力。

私募股权投资的基本概述

　　随着经济的快速发展，越来越多的企业开始寻求更多的融资途径来加速企业的发展，私募股权就这样进入了众多企业家的眼中。虽然很多的企业家渴望通过私募股权投资获得融资，但实际上对于私募股权投资了解不多，下面就具体看一下私募股权投资。

◎ 你真的了解私募股权投资吗

　　私募股权投资（Private Equity，PE）是指向具有高成长性的非上市企业进行股权投资，并且提供相应的管理和其他增值服务，以期望通过 IPO 或者其他的方式退出，实现资本增值的资本运作过程。

私募股权投资的四要素

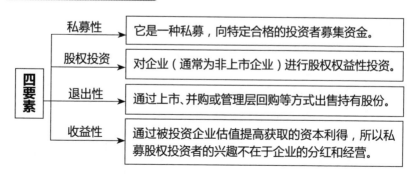

四要素		
	私募性	它是一种私募，向特定合格的投资者募集资金。
	股权投资	对企业（通常为非上市企业）进行股权权益性投资。
	退出性	通过上市、并购或管理层回购等方式出售持有股份。
	收益性	通过被投资企业估值提高获取的资本利得，所以私募股权投资者的兴趣不在于企业的分红和经营。

私募股权投资的特性

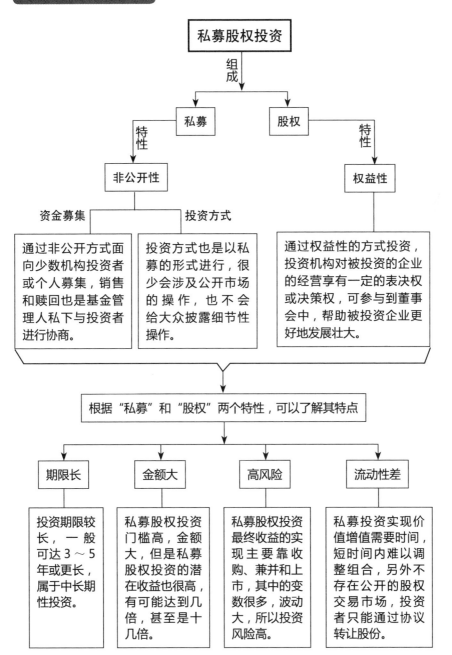

私募股权投资

组成

私募　　　　股权

特性　　　　　　　　　　　　　　特性

非公开性　　　　　　　　　　　　权益性

资金募集　　　　投资方式

通过非公开方式面向少数机构投资者或个人募集，销售和赎回也是基金管理人私下与投资者进行协商。

投资方式也是以私募的形式进行，很少会涉及公开市场的操作，也不会给大众披露细节性操作。

通过权益性的方式投资，投资机构对被投资的企业的经营享有一定的表决权或决策权，可参与到董事会中，帮助被投资企业更好地发展壮大。

根据"私募"和"股权"两个特性，可以了解其特点

期限长　　　　金额大　　　　高风险　　　　流动性差

投资期限较长，一般可达 3～5 年或更长，属于中长期性投资。

私募股权投资门槛高，金额大，但是私募股权投资的潜在收益也很高，有可能达到几倍，甚至是十几倍。

私募股权投资最终收益的实现主要靠收购、兼并和上市，其中的变数很多，波动大，所以投资风险高。

私募投资实现价值增值需要时间，短时间内难以调整组合，另外不存在公开的股权交易市场，投资者只能通过协议转让股份。

◎ 私募股权投资有哪些

私募股权投资从广义上理解，是对处于不同阶段的企业进行权益性的投资，所以根据被投资企业的不同发展阶段可以将私募股权投资进行划分。

私募股权的分类

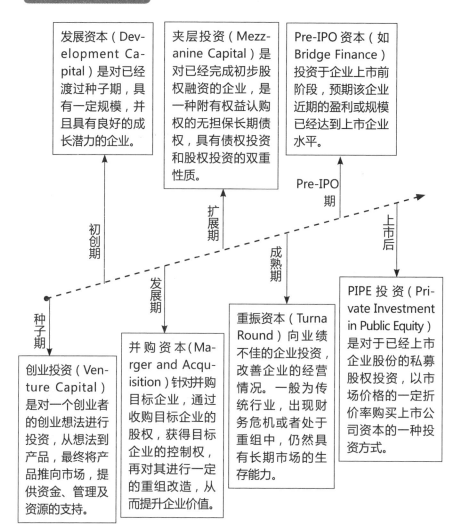

发展资本（Development Capital）是对已经渡过种子期，具有一定规模，并且具有良好的成长潜力的企业。

夹层投资（Mezzanine Capital）是对已经完成初步股权融资的企业，是一种附有权益认购权的无担保长期债权，具有债权投资和股权投资的双重性质。

Pre-IPO资本（如Bridge Finance）投资于企业上市前阶段，预期该企业近期的盈利或规模已经达到上市企业水平。

创业投资（Venture Capital）是对一个创业者的创业想法进行投资，从想法到产品，最终将产品推向市场，提供资金、管理及资源的支持。

并购资本（Marger and Acquisition）针对并购目标企业，通过收购目标企业的股权，获得目标企业的控制权，再对其进行一定的重组改造，从而提升企业价值。

重振资本（Turna Round）向业绩不佳的企业投资，改善企业的经营情况。一般为传统行业，出现财务危机或者处于重组中，仍然具有长期市场的生存能力。

PIPE投资（Private Investment in Public Equity）是对于已经上市企业股份的私募股权投资，以市场价格的一定折价率购买上市公司资本的一种投资方式。

种子期　初创期　发展期　扩展期　成熟期　Pre-IPO期　上市后

◎ 投资的盈利

股权投资是一种比较古老的投资，但是由于私募股权投资兴起不过 30 余年，很多的投资人对其了解并不多。其实，私募股权投资的盈利和证券基金一样，奉行"低买高卖，为卖而买"。

私募股权投资的盈利模式

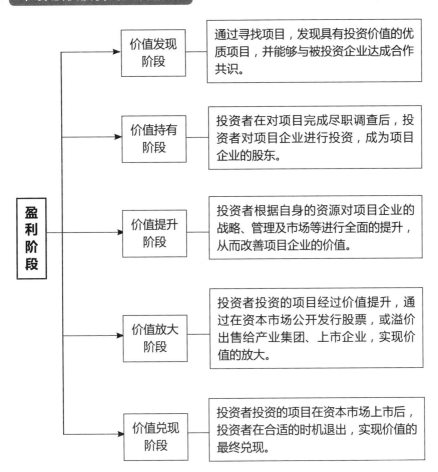

盈利阶段

价值发现阶段 —— 通过寻找项目，发现具有投资价值的优质项目，并能够与被投资企业达成合作共识。

价值持有阶段 —— 投资者在对项目完成尽职调查后，投资者对项目企业进行投资，成为项目企业的股东。

价值提升阶段 —— 投资者根据自身的资源对项目企业的战略、管理及市场等进行全面的提升，从而改善项目企业的价值。

价值放大阶段 —— 投资者投资的项目经过价值提升，通过在资本市场公开发行股票，或溢价出售给产业集团、上市企业，实现价值的放大。

价值兑现阶段 —— 投资者投资的项目在资本市场上市后，投资者在合适的时机退出，实现价值的最终兑现。

◎ 不同组织形式的私募股权基金

私募股权投资基金的组织形式，是私募股权投资者和私募股权投资基金经理等各方当事人建立的一种制衡关系，根据各方关系的不同可以选择不同的组织形式。

私募股权的组织形式

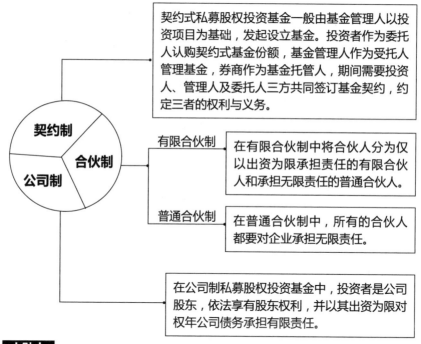

契约式私募股权投资基金一般由基金管理人以投资项目为基础，发起设立基金。投资者作为委托人认购契约式基金份额，基金管理人作为受托人管理基金，券商作为基金托管人，期间需要投资人、管理人及委托人三方共同签订基金契约，约定三者的权利与义务。

有限合伙制：在有限合伙制中将合伙人分为仅以出资为限承担责任的有限合伙人和承担无限责任的普通合伙人。

普通合伙制：在普通合伙制中，所有的合伙人都要对企业承担无限责任。

在公司制私募股权投资基金中，投资者是公司股东，依法享有股东权利，并以其出资为限对权年公司债务承担有限责任。

小贴士

在有限合伙制中同时涉及有限合伙人（LP）和普通合伙人（GP）。在有限合伙制企业内，由普通合伙人执行合伙事务，有限合伙人不参与合伙企业的经营，有限合伙人以其认缴的出资额为限对合伙企业债务承担责任，普通合伙人对合伙企业的债务承担无限连带责任。

将不同的组织形式进行比较，如表 1-1 所示。

表 1-1　不同组织形式的私募股权投资比较

组织形式	公司制	契约制	有限合伙制
出资形式	货币	货币	货币
注册资本额或认缴出资额及缴纳期限	最低实收资本不低于 1 000 万元	资金一次到位	承诺出资制，无最低要求，按照约定的期限逐步到位。如需申报备案，则最低不少于 1 亿元
投资门槛	无特别要求	单个投资者最低投资不少于 100 万元	无强制要求，如申报备案，则单个投资者不低于 100 万元
债务承担方式	出资者在出资范围内承担有限责任	投资者以信托资产承担责任	普通合伙人承担无限责任，有限合伙人以认缴出资额为限承担有限责任
投资人数	有限责任公司不超过 50 人，股份有限公司不超过 200 人	自然人投资者不超过 50 人，合格机构投资者数量不受限制	2～50 人
管理人员	股东决定	由信托公司进行管理	普通合伙人
管理模式	同股同权，可以委托管理	受托人决定可以委托投资顾问提供咨询意见	普通合伙人负责决策与执行，有限合伙人不参与经营
利润分配	一般按出资比例	按信托合同	根据有限合伙协议约定
税务承担	双重征税	信托受益人不征税，受益人取得信托收益时，缴纳企业所得税或个人所得税	合伙企业不缴税，合伙人分别缴纳企业所得税或个人所得税

国内私募股权投资的现状

众所皆知，私募股权是由国外引入国内的，但是随着国内经济市场的变化及国内经济的特点，私募也发生了一定的变化。因此融资企业在考虑私募股权投资之前，需要对国内私募股权股权的现状有一个大致的了解。

◎ 国内的私募股权经历了些什么

人们对于新事物从认识到接受，甚至是喜欢都会有一个过程，私募股权亦是如此，国内的私募股权发展也经过了许多波折。

私募股权的发展阶段

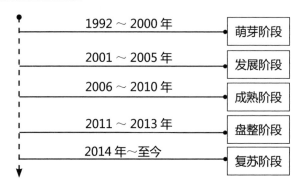

1992 ~ 2000 年	萌芽阶段
2001 ~ 2005 年	发展阶段
2006 ~ 2010 年	成熟阶段
2011 ~ 2013 年	盘整阶段
2014 年~至今	复苏阶段

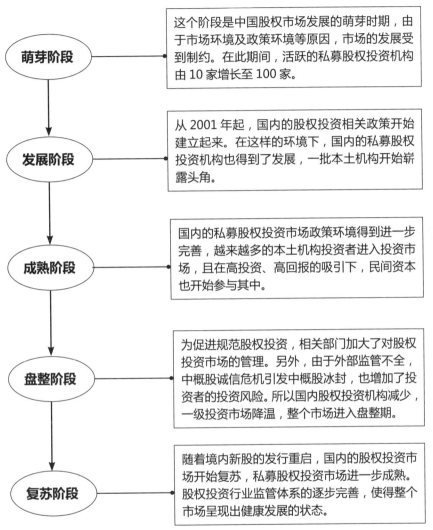

萌芽阶段 — 这个阶段是中国股权市场发展的萌芽时期，由于市场环境及政策环境等原因，市场的发展受到制约。在此期间，活跃的私募股权投资机构由 10 家增长至 100 家。

发展阶段 — 从 2001 年起，国内的股权投资相关政策开始建立起来。在这样的环境下，国内的私募股权投资机构也得到了发展，一批本土机构开始崭露头角。

成熟阶段 — 国内的私募股权投资市场政策环境得到进一步完善，越来越多的本土机构投资者进入投资市场，且在高投资、高回报的吸引下，民间资本也开始参与其中。

盘整阶段 — 为促进规范股权投资，相关部门加大了对股权投资市场的管理。另外，由于外部监管不全，中概股诚信危机引发中概股冰封，也增加了投资者的投资风险。所以国内股权投资机构减少，一级投资市场降温，整个市场进入盘整期。

复苏阶段 — 随着境内新股的发行重启，国内的股权投资市场开始复苏，私募股权投资市场进一步成熟。股权投资行业监管体系的逐步完善，使得整个市场呈现出健康发展的状态。

小贴士

中概股是指在海外注册和上市，但最大控股权（通常为 30% 以上）或实际控制人直接或间接隶属于我国的民营企业或个人的公司。中国概念股是相对海外市场来说的，同一个公司可以在不同的股票市场上分别上市，所以某些中国概念股公司也可能在国内同时上市。

◎ 国内私募股权投资的发展现状

投资者对于私募股权投资踟蹰不前的原因，究其根本除了对高风险的考虑之外，还有对国内目前私募股权投资发展前景不了解。目前，随着国内资本市场的日益成熟，行业监管政策落定，市场已经逐步迈向"股权投资时代"。

国内私募股权的投资情况分析

2006 ~ 2014 年中国股权投资市场募资

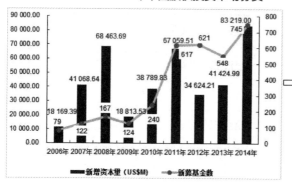

根据股权投资市场募资图可以看出，投资市场的募资规模整体呈现出上涨的趋势。

2006 ~ 2014 年中国股权投资情况

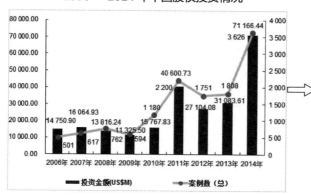

在创新创业的背景下，中国私募股权投资机构进入投资热潮，且投资阶段越发前移。中国股权投资市场整体上升，投资案例数与投资金额数量增加较大。

2014年中国股权投资市场一级行业投资分布情况(按案例数排列)

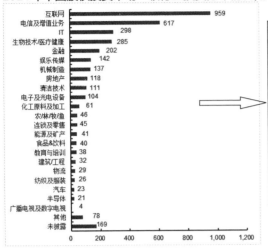

2014 年股权投资市场发生的 3 626 起投资主要分布于 24 个一级行业中。从行业投资分布图可以看到互联网以 959 起排行第一,然后电信及增值业务以 617 起排行第二,IT 以 298 起排行第三,因此互联网科技类仍然是投资行业的热门选择。

2014 年中国股权投资市场一级行业投资分布情况（按投资金额 US$M）

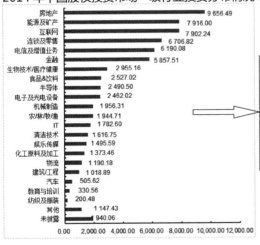

从投资金额来看,房地产以 96.56 亿美元位居第一,然后是能源及矿产行业和互联网行业。总体来看,新兴产业的投资活跃度较高,而传统行业的平均投资金额较大。

2006 年 ~2014 年中国股权市场退出情况（交易笔数）

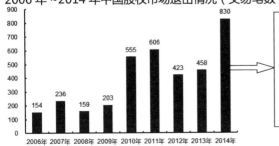

2014 年中国股权投资市场退出案例 830 笔,远远超过 2013 年的 458 笔。通过逐年递增的退出情况,可以看出国内私募股权投资市场已经逐步成熟。

◎ 私募股权投资不得不提的困境有哪些

虽然当前国内的股权投资市场前景一片良好，但是对投资者而言，仍然有一些不得不提的投资问题需要投资者在投资之前思考清楚。

私募股权投资的主要问题

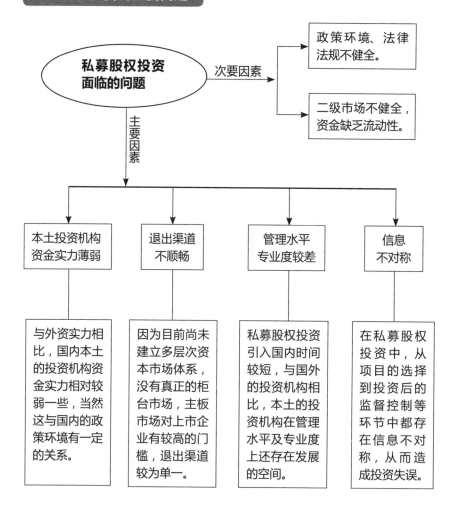

◎ 国内私募股权投资发展的对策

根据前面介绍的国内私募股权投资的发展历程可以看到，私募股权投资市场的发展离不开政策的支持，政策对私募股权产业发展起到直接激励、扶持和引导的作用。

私募股权投资发展对策

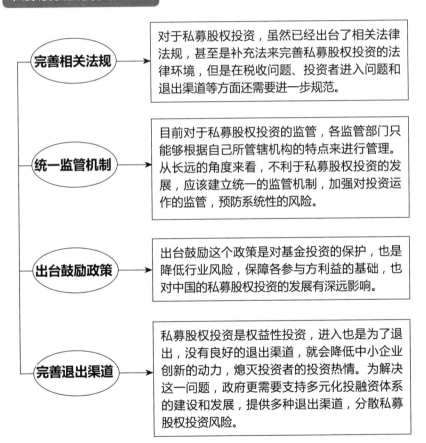

完善相关法规 → 对于私募股权投资，虽然已经出台了相关法律法规，甚至是补充法来完善私募股权投资的法律环境，但是在税收问题、投资者进入问题和退出渠道等方面还需要进一步规范。

统一监管机制 → 目前对于私募股权投资的监管，各监管部门只能够根据自己所管辖机构的特点来进行管理。从长远的角度来看，不利于私募股权投资的发展，应该建立统一的监管机制，加强对投资运作的监管，预防系统性的风险。

出台鼓励政策 → 出台鼓励这个政策是对基金投资的保护，也是降低行业风险，保障各参与方利益的基础，也对中国的私募股权投资的发展有深远影响。

完善退出渠道 → 私募股权投资是权益性投资，进入也是为了退出，没有良好的退出渠道，就会降低中小企业创新的动力，熄灭投资者的投资热情。为解决这一问题，政府更需要支持多元化投融资体系的建设和发展，提供多种退出渠道，分散私募股权投资风险。

根据私募投资机构分析投资特点

随着私募股权的发展，许多私募股权投资机构如"雨后春笋"般冒了出来。不同的投资机构有着自己的投资风格，了解其特点才能够选择出适合自己企业的私募，下面就来查看一些著名的私募投资机构并分析其投资特点。

◎ 创业者背后的创业者——红杉资本

案例陈述

"一个机构就是一个人影响力的延伸"，在红杉，这个人就是其创始人。可以用一句话来概括其投资风格，就是"投资于一家有着巨大市场需求的公司，要好过投资于需要创造市场需求的公司"。其中，可以看出市场对于一家企业的重要意义。简单而言，就是"下注于赛道，而非赛手"。

虽然"赌赛道"是美国红杉的传统，但在中国，面对日新月异的互联网领域，红杉也陷入了摸不清赛道的怪圈。2008年之前，红杉连续投资了高德软件、大众点评、奇虎360、悠视网、博纳影业及小天鹅餐饮等项目，可以看出此时的红杉投资处于一个四处撒网的状态。

不过在 2008 年投资乐峰之后，红杉投资逐渐找到了自己的投资赛道，并且在互联网领域中选定电商、旅游出行、O2O 和垂直社区及互联网金融 4 条投资赛道。

随后，红杉完成了近 200 次投资活动，其中包括京东商城、唯品会、聚美优品、途牛网、酒仙网、拍拍贷及乐蜂网等，在之后电商融资的故事中也都可以找到红杉的身影。

从红杉资本的投资案例中可以看到红杉投资的特点。

红杉资本的投资特点

?

投资"赛道"，而非"赛手"

补充说明

投资"赛道"对红杉而言是传统，更是投资的重要前提。在案例中可以看到2008 年以后的红杉将投资投入了互联网领域，投资的行业具有共同的特点"变现快"，即便是社区，也是专注于某类话题的垂直社区，变现路径清晰。

◎ 国内风投的启蒙师——IDG

案例陈述

成立于 1992 年的 IDG，是中国创业者在资本方面的启蒙师，它先后投资近 300 家中国互联网企业，基本涵盖了所有领域的代表性企业。许多优秀的创业者在早期就被他们发现，给予首轮投资，随着企业的发展，其他投资人陆续跟进，直至上市。

例如，1998 年 4 月 1 日投资搜狐、1999 年 1 月 1 日投资腾讯、

1999年1月1日投资慧聪网，以及1999年10月1日投资携程网等。

作为进入中国时间最长的美国风险投资公司之一，IDG已经成为风险投资行业的领先者，不仅向中国高科技领域的创业者们提供风险投资，也在投资后为被投资企业提供一系列增值服务。

根据案例可以看到，IDG明显有别于红杉的投资风格，对于投资"赛道"，似乎更倾向于投资"赛手"，对于市场需求更重视被投企业的能力。

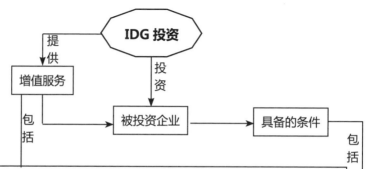

（1）为创业企业的发展计划、财务管理、组织架构及法律事务等提供战略性指导。
（2）帮助企业建立销售网络、开拓市场。
（3）帮助培训高级管理人员。
（4）提供技术、专家意见和市场调查方面的信息。
（5）帮助企业与其他商家建立战略性合作关系，以取得更具有竞争力的市场地位。
（6）引荐其他的投资机构，为企业提供更多的融资渠道。
（7）在企业合并、收购、重组和上市的过程中提供帮助。此外，针对想进入中国市场的国外企业，特别提供以下服务。
① 介绍潜在合作伙伴和中国相关行业的政策规定，帮助发掘商业机会。
② 提供投资。
③ 在资金运作、企业重组及其他问题上长期提供咨询。

（1）拥有专有技术，并在快速增长的市场中具有强大的竞争力。
（2）拥有一支在启动和经营高科技企业方面有优秀业绩的管理队伍。
（3）具备保护措施的销售渠道。
（4）企业具有稳步、迅速发展的潜力。
（5）细致、可行的企业发展计划。

◎ 杠杆收购天王——KKR

案例陈述

KKR 集团（全称 Kohlberg Kravis Roberts & Co. L.P.），中译为"科尔伯格 - 克拉维斯"，成立于 1976 年，是老牌的杠杆收购天王，它是全球历史最悠久也是经验最为丰富的私募股权投资机构之一。

对 KKR 而言，金顶电池的并购案，即是 KKR 运用并购方式最为成功的案例之一。1987 年金顶电池的 CEO 得知总公司有意向将金顶电池卖给吉列和柯达等公司时，金顶电池的 CEO 希望能够继续维持公司的经营，所以向 KKR 等金融卖家咨询可能性。

经过 5 个月左右的谈判，KKR 在 1998 年并购金顶电池公司。据当时的估值分析，金顶电池的市价总值约为 12 亿美元，但 KKR 以 18 亿美元取得了该公司的股权和经营权。

KKR 的并购条件对于金顶电池公司的高层管理人员非常有利，金顶电池的管理人员共取得 630 万美元购买公司股份，也保持了公司原有的组织结构。在原有经营团队的努力下，并购一年后，公司的现金流提高了 50%，并且每年以 17% 的速度增长，这也让金顶电池公司很快偿还了由并购产生的贷款。KKR 还支持管理层继续扩张企业规模，将 CEO 的资本投资权限，由并购前的 25 万元美元提高到了 500 万美元。

KKR 资本与目标公司管理层联手完成杠杆收购，并且在收购后赋予目标公司管理层极大的自主权，在目标公司竞争实力得到提升之后，再通过上市等方式退出，取得高额回报。可以看到在 KKR 的并购中，目标公司的管理层是很重要的一个投资条件。

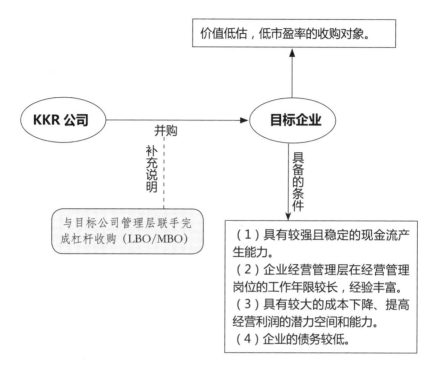

除了上面介绍的几家著名的投资机构外，还有很多的私募股权投资机构，例如凯雷资本、华平投资及高盛集团等，他们都具有各自的投资风格，投资者可以借鉴他们的投资风格，从而形成具有自己特点的投资风格。

第2章

融资企业需要知道的私募运作过程

对于融资企业而言，私募股权投资如何寻找投资项目、如何投资及投资后如何管理等都需要了解。换言之，了解私募股权投资的运作，在一定的程度上，也可以帮助融资企业更好地完成融资。

组成私募股权投资的重要角色

　　融资企业不能够只是单纯地认为私募股权投资能够为自己带来资金的帮助，还需要了解自己在整个的私募股权投资中扮演着一个什么样的角色，有什么样的权利与义务。除此之外，还有哪些的重要的角色，从而较易组成私募股权投资。

　　私募股权投资是以基金的方式作为资金的载体，再由基金管理公司设立不同的基金募集资金后，交由不同的管理人进行投资运作。所以在私募股权投资中涉及几个重要的组成部分，即融资企业、私募股权基金及私募股权投资者。

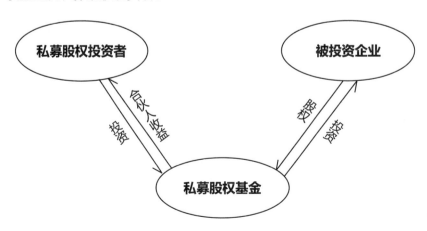

◎ 被投资的企业从容选择

融资企业的资质情况是私募股权投资中最为重要的一个部分，也在一定的程度上决定着私募股权投资是否能够盈利。换言之，选择一家具有盈利潜质的企业就是成功投资的开始。

如何查看被投资企业资质

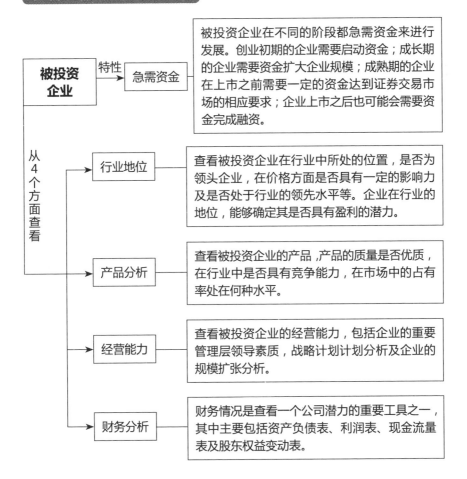

被投资企业 —— 特性 —— 急需资金：被投资企业在不同的阶段都急需资金来进行发展。创业初期的企业需要启动资金；成长期的企业需要资金扩大企业规模；成熟期的企业在上市之前需要一定的资金达到证券交易市场的相应要求；企业上市之后也可能会需要资金完成融资。

从4个方面查看 —— 行业地位：查看被投资企业在行业中所处的位置，是否为领头企业，在价格方面是否具有一定的影响力及是否处于行业的领先水平等。企业在行业的地位，能够确定其是否具有盈利的潜力。

产品分析：查看被投资企业的产品，产品的质量是否优质，在行业中是否具有竞争能力，在市场中的占有率处在何种水平。

经营能力：查看被投资企业的经营能力，包括企业的重要管理层领导素质，战略计划计划分析及企业的规模扩张分析。

财务分析：财务情况是查看一个公司潜力的重要工具之一，其中主要包括资产负债表、利润表、现金流量表及股东权益变动表。

◎ 基金管理公司的重要性

私募股权投资基金管理公司作为一个专业的投资管理机构，是"集合投资，专家理财"的重要体现。它对私募股权投资基金的发起设立、管理运营和到期清算有着重要的作用。

基金管理公司的角色

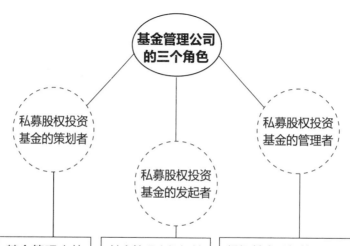

基金管理公司的三个角色

私募股权投资基金的策划者

私募股权投资基金的发起者

私募股权投资基金的管理者

基金管理人结合当前的经济形势，通过自己的专业分析，进行资源整合，设计出具有明确标的物的基金方案，提供给潜在投资者进行投资决策。

基金管理人组织基金的融资募集工作和具体基金的设立工作，包括组织基金募集路演、确定出资意向、组织对设立文件条款的谈判、组织投资者大会、帮助投资者选择确定基金托管人及组织投资者与托管人签订协议等。

根据基金委托管理合同，寻找调研项目提供给基金做投资决策，通过投资决策后，协调基金托管银行划拨投资款项。同时，基金管理人要向被投资项目派出全权代表，代表基金履行投资人权益，并给项目提供增值服务。在每个财务年度，基金管理人要提交基金年度报告和利润分配方案，并接受基金董事会的评估和监事会的审计。

◎ 投资人不可或缺

既然是投资，那么就不可缺少投资者。但是私募股权投资与其他的投资理财有所区别，只有具备私募股权投资基金的投资者，才能够顺利募集资金成立基金。

私募股权投资人组成

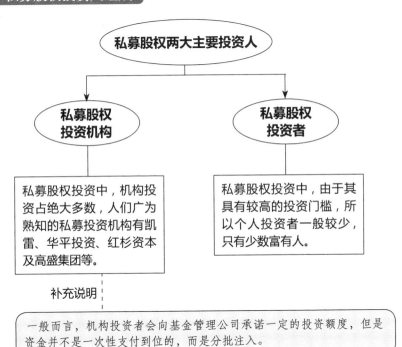

私募股权两大主要投资人

私募股权投资机构

私募股权投资者

私募股权投资中，机构投资占绝大多数，人们广为熟知的私募投资机构有凯雷、华平投资、红杉资本及高盛集团等。

私募股权投资中，由于其具有较高的投资门槛，所以个人投资者一般较少，只有少数富有人。

补充说明

一般而言，机构投资者会向基金管理公司承诺一定的投资额度，但是资金并不是一次性支付到位的，而是分批注入。

◎ 中介服务机构的服务

随着私募股权的发展，各类中介服务机构也得到了发展。它们在通过自己的专业服务帮助投资者完成投资的同时，也为自己获得了收益。中介服务机构的出现，也进一步地完善了私募股权的投资，给投资者提供了便利。

中介机构服务内容

	专业顾问	专业顾问为投资者寻找私募股权投资基金机会，专业顾问公司通过他们专业的知识及敏锐的洞察力为投资者分析企业运作、产品技术及市场环境等方面的问题。
中介机构服务类型	**融资代理**	融资代理机构主要负责管理整个融资过程，虽然很多银行同样提供类似的服务，但是相较于银行而言，这样的融资代理机构更为专业、更具针对性及更加便利。
	市场营销	很多市场营销、公共关系、数据及调查机构在市场营销和公共事务上，为私募股权投资基金管理公司提供支持。
	人力资源顾问	私募股权投资涉及大量的人力需求，所以也就有了人力需求，而人力资源顾问的产生极大程度上为基金管理公司和被投资企业解决了问题。
	股票经纪人	股票经纪公司除了为企业上市及售出股权方面提供服务，股票经纪公司还为私募股权投资基金提供融资服务。
	其他机构	私募股权投资涉及的层面很广泛，所以除了上面介绍的中介机构类型之外，还有其他类型的专业中介机构，例如信息技术服务商、养老金和保险精算顾问及风险顾问等。

私募股权投资的操作流程

了解了自己的所在位置，以及私募股权投资机构和私募投资者的相关问题之后，接下来就需要了解私募是如何进行股权投资操作的，熟悉清楚每一个流程能够帮助融资企业快速地了解私募股权投资。

◎ 寻找投资项目

私募股权投资的关键在于找到值得投资的好项目，如何在众多的投资项目中以较低的成本和较快的速度获得好的项目，成为考验基金管理人能力的重要依据。

投资项目的主要来源

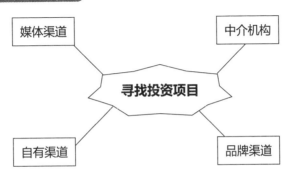

媒体渠道	中介机构	自有渠道	品牌渠道
企业关注媒体，对生活中看到的、听到的及接触到的媒体信息具有一定的敏感度，了解当前经济形势，热门的行业及其商业价值。	借助第三方中介平台，整合资源，例如银行、券商及资讯公司等专业机构，拓宽接收项目来源的渠道。	企业建立自己的渠道，例如公司的人力资源关系网，或者是通过公司官网收集项目，对可行性项目进行分析、评估。	企业在创业投资方面建立起自己的品牌，打开自己的知名度，使得需要投资的公司，能够提及投资，可以想到该投资公司。

初步评估项目

第一步

查看项目的规模，包括企业规模，项目人员规模及所需的最大金额数量和最小金额数量是否符合自己的投资期望。

第二步

查看项目所处的行业，是否具有获益潜力及是否是自己所熟悉的领域。一般情况下，熟悉的领域能够提高投资的成功率，能够给被投资企业提供更多实质性的帮助，包括专业领域人才，行业资源及经验等。

第三步

查看产品的功能性、技术性及创新性，是否具有行业竞争力，是否能够成为市场的领跑者。

第四步

查看项目的管理团队结构是否科学合理，查看项目核心的人员的素质，以及是否具有专业的技术。

第五步

查看项目所处的阶段，例如萌芽期、发展期或者成熟期等，不同的阶段投资方式及投资金额都不同。

◎ 企业的尽职调查

项目通过初步评估之后，项目就进入尽职调查的阶段，因为投资的成功与否将会直接关系到投资企业与融资企业双方今后的发展情况，所以此时的尽职调查就尤为慎重了。

尽职调查的内容

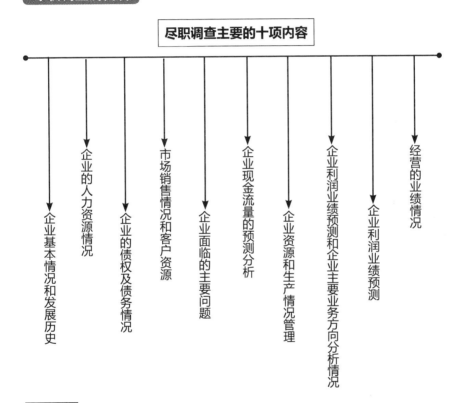

尽职调查主要的十项内容

企业基本情况和发展历史

企业的人力资源情况

企业的债权及债务情况

市场销售情况和客户资源

企业面临的主要问题

企业现金流量的预测分析

企业资源和生产情况管理

企业利润业绩预测和企业主要业务方向分析情况

企业利润业绩预测

经营的业绩情况

小贴士

该阶段的调查是投资前必要的工作，为了后期能够顺利地完成投资，须对被投资企业进行方方面面的调查，可以概括为 3 个方面：商业价值、财务信息及法律方面。

尽职调查的具体实施

文件资料的审阅

首先查询被投资企业的文件资料，通过企业工商注册、财务报告、业务文件及法律合同等各项资料的查看，了解被投资企业的具体情况。

参考外部的信息

除了查询企业的内部情况之外，还会借助网络、行业杂志及其他专业的行业认识对其的评价评估，了解被投资企业在行业中的所处位置。

相关人员的交流

与项目相关人员进行深入的交流，了解他们对项目的想法，以及对投资的看法。

进行实地调查

除了考察被投资企业的办公场所之外，还会对企业的生产加工地、厂房及库房进行实地的考察。

调查人员内部沟通

在进行所有的调查之后，进行尽职调查的所有成员会进行内部会议，总结调查结果，相互沟通确认调查情况。

◎ 设计投资方案

完成项目的尽职调查之后，项目经理可以对该项目形成调研报告和投资方案建议书，提供财务意见及审计报告。由于投资企业与融资企业所占角度不同，所以需要在这个环节达成一致，进行多次协商。

投资方案的设计流程

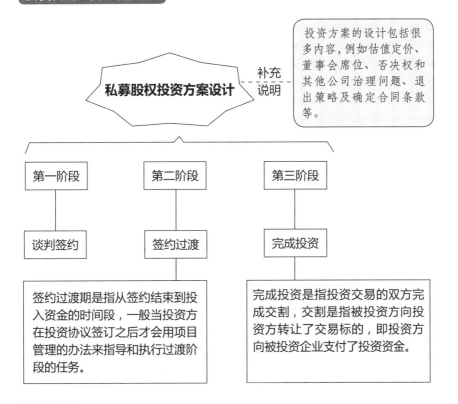

私募股权投资方案设计 ——补充说明

投资方案的设计包括很多内容，例如估值定价、董事会席位、否决权和其他公司治理问题、退出策略及确定合同条款等。

第一阶段　第二阶段　第三阶段

谈判签约　签约过渡　完成投资

签约过渡期是指从签约结束到投入资金的时间段，一般当投资方在投资协议签订之后才会用项目管理的办法来指导和执行过渡阶段的任务。

完成投资是指投资交易的双方完成交割，交割是指被投资方向投资方转让了交易标的，即投资方向被投资企业支付了投资资金。

小贴士

投资方案的设计实际上是将意向化的投资具体到纸面上，形成法律效力，在双方都接受的情况下根据协议进行合作完成投资，进而达到互惠互利的局面，所以签约的时候需要协议其中的各个条款，避免违约。

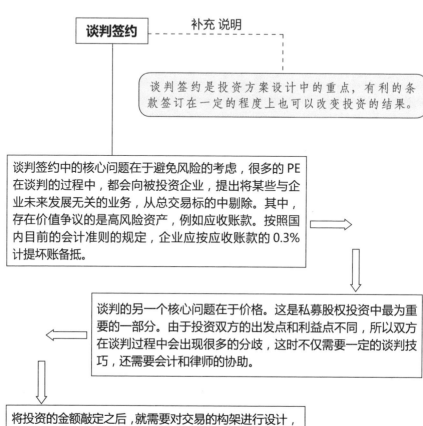

谈判签约 - - - - - - 补充 说明

谈判签约是投资方案设计中的重点，有利的条款签订在一定的程度上也可以改变投资的结果。

谈判签约中的核心问题在于避免风险的考虑，很多的 PE 在谈判的过程中，都会向被投资企业，提出将某些与企业未来发展无关的业务，从总交易标的中剔除。其中，存在价值争议的是高风险资产，例如应收账款。按照国内目前的会计准则的规定，企业应按应收账款的 0.3% 计提坏账备抵。

谈判的另一个核心问题在于价格。这是私募股权投资中最为重要的一部分。由于投资双方的出发点和利益点不同，所以双方在谈判过程中会出现很多的分歧，这时不仅需要一定的谈判技巧，还需要会计和律师的协助。

将投资的金额敲定之后，就需要对交易的构架进行设计，这是 PE 重要的工作。其中，包括收购方式、支付方式、支付时间、股权结构、融资结构、风险分配及违约责任等方面的安排。

　　在私募股权投资中，当投资者与融资企业签订协议之后，投资者就会根据协议内容对投资的项目或企业进行监督管理，并按照合同内容分批注入资金投资。在完成项目之后，投资者会将其持有的所投资企业的股权在市场上售出以收回并实现投资的收益。

备好项目找投资

对融资企业的创业家而言，如何使私募相信自己企业的盈利能力、公司的发展潜力和公司项目的优质都是一个躲不过的话题。因此融资企业需要知道私募是如何选择项目，以及一般会选择什么样的公司进行投资等。

◎ 投资行业的选择

虽然说不同的投资者或投资机构会有不同的投资侧重点，或会倾向于自己熟知的行业，但从纵观过往的投资案例中不难得出，投资者在进行项目投资时，也会针对性地"偏爱"某些行业。

PE 的行业选择

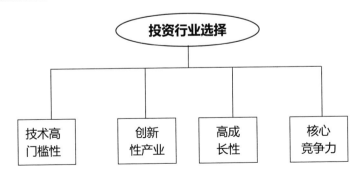

技术高门槛性

技术高门槛可以保护技术的独占性，这也是吸引投资者投资的重要因素，但是也需要避免刻意追求高且精的技术，最重要的是能够提供一种前景广阔的服务或者产品。

创新性产业

创新性的产业常常能够给人以耳目一新的感觉，也能够吸引投资者的目光，同时企业保持不断的创新可以得到持续化的发展。

高成长性

被投资项目和企业具有高成长性，投资者的投资才具有价值，投资的成功率也更高，高成长性主要表现在市场份额占有率、增长速率及高额的利润空间。

核心竞争力

企业的核心竞争力主要体现在企业的综合素质或能力，涉及理念、技术、团队及模式等，也是企业能否持续发展的关键因素。

热门产业

高新技术产业

高新技术产业仍然是私募股权投资中比例比较大的行业，其中互联网、电子商务、生物医药、新能源及新材料等都较多受到关注。

传统产业

与走在时代前沿的高新产业不同，具有传统意义的产业仍然受到青睐，传统产业仍然是社会经济的基础。

传统产业的转型项目

与原有产业有一定的相似性，即在原来传统的产业进行转型，研发出新的项目，这样的项目也比较项目受到关注。

◎ 商业计划书的书写

商业计划书是公司、企业或者项目单位为了达到发展或融资的目的，根据一定的内容格式而编辑的一个全面展示公司和项目目前状况、未来发展潜力的书面材料。所以，在私募股权投资中商业计划书也是必不可少的一部分。

商业计划书的要素

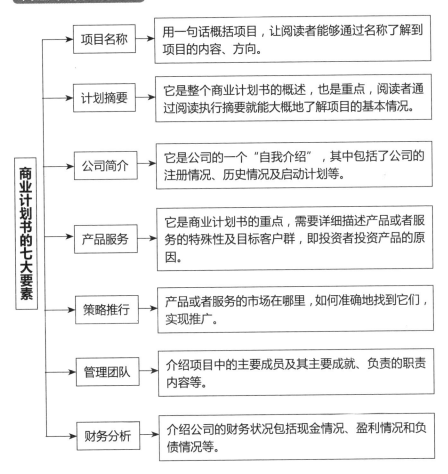

商业计划书的七大要素		
	项目名称	用一句话概括项目，让阅读者能够通过名称了解到项目的内容、方向。
	计划摘要	它是整个商业计划书的概述，也是重点，阅读者通过阅读执行摘要就能大概地了解项目的基本情况。
	公司简介	它是公司的一个"自我介绍"，其中包括了公司的注册情况、历史情况及启动计划等。
	产品服务	它是商业计划书的重点，需要详细描述产品或者服务的特殊性及目标客户群，即投资者投资产品的原因。
	策略推行	产品或者服务的市场在哪里，如何准确地找到它们，实现推广。
	管理团队	介绍项目中的主要成员及其主要成就、负责的职责内容等。
	财务分析	介绍公司的财务状况包括现金情况、盈利情况和负债情况等。

计划摘要的写法

计划摘要

写作注意
> 摘要需要尽量简单明了，拒绝冗长与重复，因为摘要是对整个项目的介绍概述，具体的内容会在之后的商业计划书中介绍，所以不需要在此进行赘述。另外，需要在摘要中说明企业的独特之处及在市场中的优势，以此吸引投资者。

包括内容
> 在计划摘要中，企业还需要回答下列问题：
> （1）企业所处的行业，企业经营的性质和范围；
> （2）企业主要产品的内容；
> （3）企业的市场在哪里，谁是企业的顾客，他们有哪些需求；
> （4）企业的合伙人、投资者是谁；
> （5）企业的竞争对手是谁，竞争对手对企业的发展有和影响。

案例陈述

某餐饮连锁股份有限公司商业计划书摘要

我们的创意：基于电子商务的餐饮连锁店，初期以高校在校学生为目标市场，提供营养美味的食品，同时以电子商务为手段，实现网上订餐及前台—后台电子化的高效管理。

创意背景：

（1）高校食堂由于大规模配菜，所以原材料质劣，做工粗糙，更不注重口味及营养，所以我们初期将目标定于高校市场。

（2）餐饮电子商务大势所趋，但是现有的餐饮电子商务很少，而且水平较低，我们提出的"E-diet"餐饮系统不仅包含我们的网站，同时还有先进的前台—后台一体化管理系统。

（3）现代化的优质高效是消费者满意的重要因素，而我们辅以科技手段的产品服务及管理可以较好满足这一要求。

公司名称："E-diet"餐饮特许连锁股份有限公司

e时代是网络营销的时代，是信息化管理的时代，冠以"E"的开头正是说明我们的餐饮是以电子商务为营销模式，电子系统作为公司优势及特色；"diet"是饮食的意思，同时带有健康饮食的含义，符合本公司产品。

公司产品：公司产品主要分为两大部分

食品部分：全生态的绿色食品＋合理的营养元素搭配＋美味的烹调方法＋顾客自由DIY设计的食谱

"E-diet"餐饮系统："E-diet餐饮系统"是本公司研制设计的一套现代化信息管理与电子商务营销系统，它改变了传统餐饮管理的旧理念。通过网络，运用电脑操作，集预订、点菜、送单、结账、收银、厨房打印、库存管理、餐牌管理、员工管理、客户管理及报表管理于一体，实现有序高效的信息化、电子化和网络化管理营销体制。

市场分析：2002年我国餐饮业营业额首次突破5 000亿元，同比增长16％左右，是同期国民经济增长速度的两倍。2001年全国餐饮业实现营业额4 368亿元，占社会消费品零售总额的11.2％，比上年同期增长16.1％，成为国内消费市场发展速度最快的一个行业。高校餐饮市场中，高校学生虽是"纯消费"顾客，但因其餐饮消费占其总消费的53.23％，市场稳定集中、客流量大，只要保证餐饮质量，收益相当乐观。

公司规划与目标：

利用1年时间，成功的创立5家样板店或成熟的单店运营管理模式。

在5年时间内，以样板店为原型，发展10家左右直营连锁店。

10 年内，重点推广特许经营连锁，利用特许总部可以在不直接投资的情况下，优势发展 50 ～ 100 家特许经营加盟店。

融资与财务数据：第一年首期需要一次性投入资金 300 万元，主要通过个人集资的方式筹集，创业团队成员出资共 150 万元。另外，对外寻找风险投资商出资入股，计划吸引风险投资额 50 万元，外加以抵押贷款的形式向银行贷款 100 万元。三部分相加，即可得到公司初期注册资本人民币 300 万元。

结论：本公司是一个填补了餐饮电子商务、生态餐饮空白的新型餐饮企业，运用了先进的一体化系统，体现了网络营销和信息化管理的新观念，初期定位高，针对性强，特许加盟连锁的方式具有很强的市场开拓能力，所以我们的公司将会有很好的市场前景和发展。

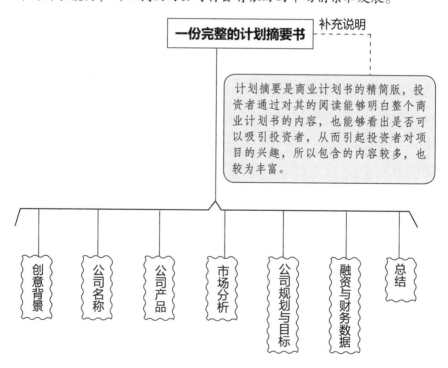

◎ 投资意向书的仔细审读

创业者在收到投资意向书时都是满怀希望的，但需要提醒的是，投资意向书中的条款一定要仔细阅读清楚，切不可被喜悦冲昏头脑。

投资意向书的内容

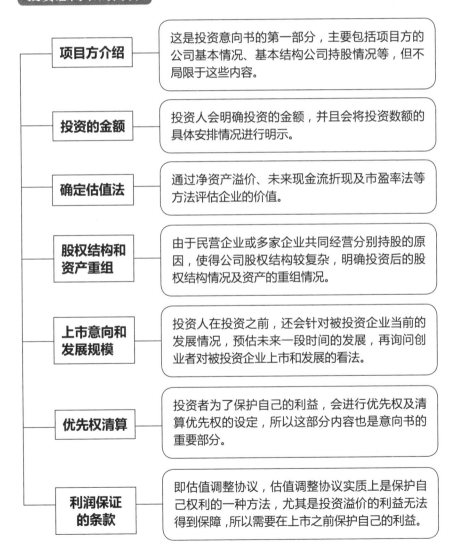

项目方介绍 ── 这是投资意向书的第一部分，主要包括项目方的公司基本情况、基本结构公司持股情况等，但不局限于这些内容。

投资的金额 ── 投资人会明确投资的金额，并且会将投资数额的具体安排情况进行明示。

确定估值法 ── 通过净资产溢价、未来现金流折现及市盈率法等方法评估企业的价值。

股权结构和资产重组 ── 由于民营企业或多家企业共同经营分别持股的原因，使得公司股权结构较复杂，明确投资后的股权结构情况及资产的重组情况。

上市意向和发展规模 ── 投资人在投资之前，还会针对被投资企业当前的发展情况，预估未来一段时间的发展，再询问创业者对被投资企业上市和发展的看法。

优先权清算 ── 投资者为了保护自己的利益，会进行优先权及清算优先权的设定，所以这部分内容也是意向书的重要部分。

利润保证的条款 ── 即估值调整协议，估值调整协议实质上是保护自己权利的一种方法，尤其是投资溢价的利益无法得到保障,所以需要在上市之前保护自己的利益。

案例陈述

甲方和乙方（PE）投资意向书

被投资公司简况：是总部注册在某地的有限责任公司，该公司直接或者间接地通过其在中国各地的子公司和关联企业，经营在线教育开发、外包和其他相关业务。总公司、子公司和关联企业的控股关系详细说明见附录一（略）。

公司结构：甲方除了拥有在附录一中所示的中国的公司股权外，没有拥有任何其他实体的股权或者债权凭证，也没有通过代理控制任何其他实体，更没有和其他实体有代持或其他法律形式的股权关系。

投资人/投资金额：某某PE（乙方）将作为本轮投资的领投方将投资美150万美元，跟随投资方经甲方和乙方同意，将投资100万美元，最终的投资总额为250万美元。

上述提到的所有投资人以下将统称为投资人或者A轮投资人。

投资总额250万美元（"投资总额"）将用来购买甲方发行的A轮优先股股权。本投资意向书所描述的交易，在下文中称为"投资"。

投资款用途：研发、购买课件80万美元；在线设备和平台55万美元；全过考试网络45万美元；全国考试网络45万美元；运营资金45万美元；其他25万美元。详细投资款用途清单请见附录（略）。

投资估值方法：公司投资前估值为350万美元，在必要情况下，根据下文中的"投资估值调整"条款进行相应调整。本次投资将购买公司股A轮优先股股份，每股估值0.297美金，占公司总股本的40%。

A轮投资后的股权结构，如表2-1所示。

表2-1 A轮投资后的股权结构

股东名单	股权类型	股份	股份比例
黄 ×	普通股	5 000 000	7.63%
章 × ×	普通股	3 000 000	4.58%
陈 ×	普通股	2 000 000	3.05%
员工持股	普通股	1 764 706	2.69%
A轮投资人（领投人）	优先股	50 420 017	76.92%
A轮投资人（跟投人）	优先股	3 361 345	5.13%

反稀释条款：A轮投资人有权按比例参与公司未来所有的股票发行（或有权获得这些有价证券或可转股权凭证或可兑换股票）；在没有获得A轮投资人同意的情况下，公司新发行的股价不能低于A轮投资人购买时股价。在新发行股票或者权益性工具价格低于A轮投资人的购买价格时，A轮优先股转换价格将根据棘轮条款进行调整。

资本事件：是指一次有效上市或者公司的并购出售。

其中，有效上市需要满足如下标准：公司达到了国际认可的股票交易市场的基本上市要求；公司上市前的估值至少达到了5 000万美元；公司至少募集2 000万美元。

出售选择权：如果公司在本轮投资结束后48个月内不能够实现有效上市，A轮投资人将有权要求公司在该情况下，用现金回购部分或全部的A轮投资人持有的优先股。

拒绝上市后的出售选择权：是指在本轮投资完成后36个月内，A轮投资人指定的董事提议上市，并且公司已经满足潜在股票交易市场的要求，但是董事会却拒绝了该上市要求的情况下，A轮投资人有权要求公司在任何时候用现金赎回全部或者部分的优先股。

清算优先权：当公司出现清算，解散或者关闭等情况（简称清算）下，公司资产将按照股东股权比例进行分配。但是 A 轮投资人将有权在其他股东执行分配前获得优先股投资成本加上按照 20% 内部回报率获得的收益的总和（按照美元进行计算和支付）。

强卖权：创始股东和所有未来的普通股股东都被强制要求同意一些条款。当公司的估值少于美元 ×× 百万，多数 A 轮优先股东同意出售或者清算公司时，其他 A 轮优先股股东和普通股股东必须同意该出售或者清算计划。

……

意向书需要注意的点在哪里

估值（每股的价格），高估值比低估值要好，但需要注意的是，并不是每股 1 美元的报价都是等值的。在一些情况下，接受较低的估值能够在其他方面换来灵活的条件。同时，被投资企业还需要注意的是，给未来员工准备的股票期权池是包含在投资估值里，还是包含在投资后估值中。前者对创始人的股份稀释性更强，而后者的稀释成本则和新投资人共同承担。

很多时候，在有 PE 投资背景的公司中，真正掌控公司还是管理团队和董事会。很多事情都需要通过董事会的投票通过，这往往比股票份额对公司的控制权有更大的影响。

在卖掉公司时，清算优先权决定收益如何在普通股和优先股股东之间进行分配。当面对参与优先权的条款时，应该设置使优先权失效的上限条件。

补充 说明

可以设置，当投资者的资本回报率在新一轮融资中得到满足时，优先权则失效。

私募股权投资中的估值法

在私募股权投资中,融资企业最关心的莫过于自己企业的估值问题。在与私募基金谈判的过程中,企业价值往往也是谈判的核心所在。虽然估值的方法有很多,但是在股权投资中比较常用到的是现金流量折现法和市盈率法。

◎ 以现金流量折现法来估算企业价值

现金流量折现法通常是企业价值评估的首选方法,是对企业未来的现金流量及其风险进行预期,然后选择合理的贴现率,将未来的现金流量折合成现值。

现金流量折现法的运用

估值的关键

预期企业未来存续期各年度的现金流量。

要找到一个合理的公允的折现率,折现率的大小取决于取得的未来现金流量的风险。风险越大,要求的折现率也就越高。

现金流折现
现使用前提

现金流量折现法是建立在完全
市场的基础上的，即企业的经
营是有规律并且能够预测的，
主要体现在以下 3 个方面。

企业在资本市场是有效
率的，资产的价格能够
反映资产的价值。企业
能够按照资本市场的利
率筹集足够数量的资金，
资本市场可以按照股东
所承担的市场系统风险
提供资金报酬。

企业所面临的经营
环境是稳定的，只
要人们按照科学程
序进行预测，得出
的结论就会接近企
业的实际。

投资者的估计是无偏差
的，投资者往往都是理
性的投资者，会通过一
切能够得到关于企业的
信息进行投资预测分析，
对同一个行业，不同的
投资者得出的结论往往
是相同的。

现金流量变现法的使用

补充说明

现金流量变现法可以根据不同的需求选择不同期限的预测期，
例如 5 年、8 年或 10 年，甚至是更长的期限。但是在实际的私募
股权投资中，投资者往往更关注 3 ~ 5 年的预测期，因为在这样
长度的时间内，企业的经营结果往往更容易被预测。

① 确定未来收益年限 T

② 预测未来 T 年内的现金流

③ 确定期望的回报率（贴现率）

④ 用贴现率将现金流贴现后总和起来

企业当前价值 =
$\sum [FCFEt/(Hr)t]+VT/(Hr)T$

补充说明

其中，FCFEt 指的是第七期自由现金流量；r 指的是贴现率；
t 指的是收益年限；VT 指的是 T 年企业的终值，T 指的是
预期从 1 到 T。

小贴士

从理论上来看，现金流量变现法是相对完美的。在特定的情况下，如果被估值企业当前的现金流为正，能够可靠地估计未来现金流的发生时间，并且根据现金流的风险特性能够确定出恰当的折现率，那么就比较适合采用现金流折现法。但是，现实中的情况往往并非如此。在实际的投资操作中，现实条件与模型假设的条件相距甚远，此时就不大适合用现金流折现法进行估值。所以，现金流量变现法比较适合现金流为正的企业进行估值。

案例陈述

A 公司正在考虑收购 B 公司，A 公司收购完成后，把 B 公司的债务比率从收购前的 30% 提高到 40%。假如税后债务成本为 7%，并且不再随资本结构的变化而变化，收购后的权益资本为 20.8%。B 公司普通股当前的市值为 2.1 亿元，债务市值为 1.1 亿元。如果 A 公司除了承担 B 公司的债务外，还愿意以现金和普通股组合的形式支付 2.6 亿元来购买 B 公司的普通股。那么，这一计划是否可行呢？

计划是否可行

通过运用现金流量变现法来进行估算，计算并购 B 公司计划的净现值

① 估计收购 B 公司税后增量净现金流（单位：百万元）

年份	2011	2012	2013	2014	2015 及以后
税后增量净现金流	63	66	70	72	75

② 利用资本加权成本 K 代表风险调整后的贴现率。

故，在收购 B 公司后：K=40%×7%+60%×20.8%=15.28%

③ 用 15.28% 贴现税后净现金流计算现金流的现值。

故，第一步分现值计算如下：
$63÷(1+15.28\%)^1+66÷(1+15.28\%)^2+70÷(1+15.28\%)^3+72÷(1+15.28\%)^4=190.772$（百万元）

第二部分现值计算如下：

$75÷15.28\%÷(1+15.28\%)^4=277.921$（百万元）

两个部分进行合计：
190.772+277.921=468.693（百万元）

④ 承担债务 1.1 亿元，另外加上收购 B 公司股票支付 2.6 亿元。

所以，初始共支出：1.1+2.6=3.7（亿元）=370（百万元）

⑤ 并购 B 公司的净现值计算。

468.693-370=98.693（百万元）

综上所述，收购 B 公司的计划是可行的，A 公司最高出价为 468.693 百万元。

◎ 市盈率法评估企业价值

市盈率法也称为 PE 法，就目前国内的股权投资市场而言，市盈率法也是比较常见的估值法之一。市盈率或本益比，也称为股价收益比率或市价盈利比率，即投资回本的年限。

市盈率法的估算法

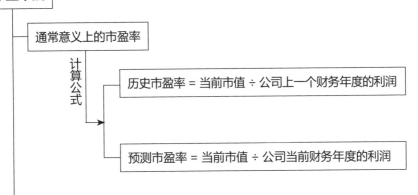

对于市盈率法而言，两个要素取决于市盈率与目标企业收益的确定。市盈率可以选择并购时目标企业的市盈率，与目标企业具有可比性的企业的市盈率，以及目标企业所处行业的平均市盈率。市盈率的高点主要取决于企业的预期增长率，一个成长性企业的估值要高于年均收益水平。那么，它使用的市盈率相对而言也就较高；对一个风险较大的企业而言，由于投资者要求的收益也会相对增加，所以市盈率就比较低。

对市盈率法估值的分析

市盈率法 — 优势

计算市盈率数据容易取得，并且计算方式简单。市盈率将价格和收益联系起来，能够直观地反映出投入与产出之间的关系，另外市盈率涵盖了风险补偿率、增长率、股利支付率的影响，具有很高的综合性。

不足分析

原因

市盈率法在众多的估值法中，由于其简单、直观且好用，所以广受好评，也深受众多投资者的重用。但是 PE 中的 E 是 EPS 英文缩写，从这一点可以看出 PE 是一个动态的概念，不能够用静态的视角来审视 PE。

正是因为其动态的特点，所以不论是历史市盈率、行业平均市盈率，或者同类公司市盈率这些客观数据研究都并不一定完全适用于 PE 估值。随着市场经济的不断变化，每个行业都在成长和变化，市盈率当然也会随之变化，此时估算的历史市盈率意义并不大。事实上，投资者寻找的都是行业水平的领先者、引导者，所以以行业或同类公司的数据来估值并不科学。

既然如此，有人会问，那么对于 PE 法而言，合理科学的标准是什么呢？低估和高估的标准又是什么？

事实上并不存在这样一个客观的标准，因为估值的本身就是一个纯粹主观的概念，并且估值的目标对象都有其独立性和特殊性，所以很难用一个普遍适合的标准来进行估算。一旦涉及对未来的预期，人与人之间就存在着很大的认知差异。

此时，可以引入"择时"的概念，设定一个估值的蛇形浮动区间，这个设定的标准是灵活的，可以选择蛇形浮动的买卖范围。

◎ PB 法、PS 法及 PEG 法估值

除了前面提到的现金流折现法和市盈率估值法之外，常用的还有 PB 法（市净率估值法）、PS 法（市销率法）及 PEG 指标估值法，不同的估值法适用于不同类型的目标企业。

PB 法的估值计算

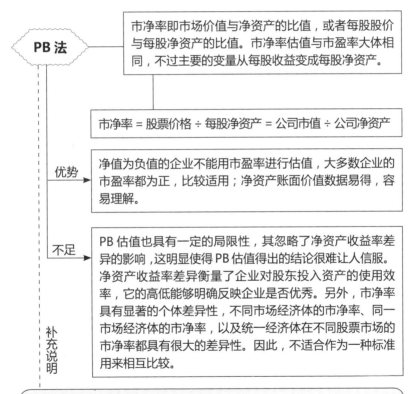

PB 法 ── 市净率即市场价值与净资产的比值，或者每股股价与每股净资产的比值。市净率估值与市盈率大体相同，不过主要的变量从每股收益变成每股净资产。

市净率 = 股票价格 ÷ 每股净资产 = 公司市值 ÷ 公司净资产

优势 ── 净值为负值的企业不能用市盈率进行估值，大多数企业的市盈率都为正，比较适用；净资产账面价值数据易得，容易理解。

不足 ── PB 估值也具有一定的局限性，其忽略了净资产收益率差异的影响，这明显使得 PB 估值得出的结论很难让人信服。净资产收益率差异衡量了企业对股东投入资产的使用效率，它的高低能够明确反映企业是否优秀。另外，市净率具有显著的个体差异性，不同市场经济体的市净率、同一市场经济体的市净率，以及统一经济体在不同股票市场的市净率都具有很大的差异性。因此，不适合作为一种标准用来相互比较。

补充说明 ── 很多地方的资料都明确说明市净率更适用于需要大量资产、净资产为正值的企业。所谓的大量资产，比如重资产企业。如果从重资产角度来看，市净率适合那些重资产的行业，例如钢铁、水泥、造船、机械制造及房地产等。总体来讲，基本上属于成熟的行业。

PS 法估值

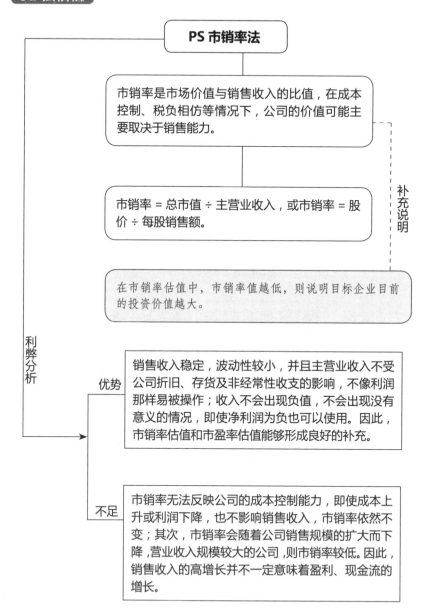

PS 市销率法

市销率是市场价值与销售收入的比值，在成本控制、税负相仿等情况下，公司的价值可能主要取决于销售能力。

补充说明

市销率 = 总市值 ÷ 主营业收入，或市销率 = 股价 ÷ 每股销售额。

在市销率估值中，市销率值越低，则说明目标企业目前的投资价值越大。

利弊分析

优势　销售收入稳定，波动性较小，并且主营业收入不受公司折旧、存货及非经常性收支的影响，不像利润那样易被操作；收入不会出现负值，不会出现没有意义的情况，即使净利润为负也可以使用。因此，市销率估值和市盈率估值能够形成良好的补充。

不足　市销率无法反映公司的成本控制能力，即使成本上升或利润下降，也不影响销售收入，市销率依然不变；其次，市销率会随着公司销售规模的扩大而下降，营业收入规模较大的公司，则市销率较低。因此，销售收入的高增长并不一定意味着盈利、现金流的增长。

PEG 法估值

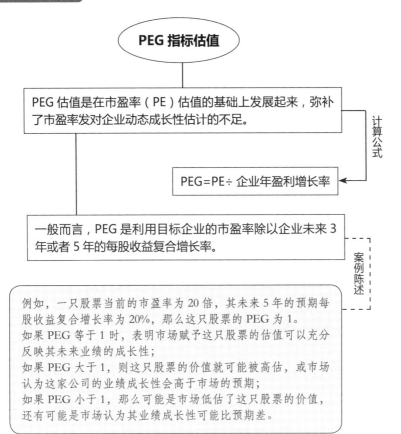

PEG 指标估值

PEG 估值是在市盈率（PE）估值的基础上发展起来，弥补了市盈率发对企业动态成长性估计的不足。

计算公式

PEG=PE÷企业年盈利增长率

一般而言，PEG 是利用目标企业的市盈率除以企业未来 3 年或者 5 年的每股收益复合增长率。

案例陈述

例如，一只股票当前的市盈率为 20 倍，其未来 5 年的预期每股收益复合增长率为 20%，那么这只股票的 PEG 为 1。

如果 PEG 等于 1 时，表明市场赋予这只股票的估值可以充分反映其未来业绩的成长性；

如果 PEG 大于 1，则这只股票的价值就可能被高估，或市场认为这家公司的业绩成长性会高于市场的预期；

如果 PEG 小于 1，那么可能是市场低估了这只股票的价值，还有可能是市场认为其业绩成长性可能比预期差。

小贴士

对不同的行业需要选择不同的估值方法。例如对传统行业企业，一般优先考虑现金流量折现法和市盈率法；对高新技术企业，一般首先考虑市盈率法。对不同投资阶段及不同财务情况的企业，如果目标企业处于早、中期发展阶段，那么一般使用 PS 与 PB 法。

如果已经实现盈利，则更多使用市盈率法、现金流量折现法和 PEG；如果企业已经处于一个较为成熟的阶段，此时企业已经实现盈利，上市预期也较为强烈，则使用市盈率和现金流量折现法。

私募股权投资中的风险管理

在引入私募股权投资的过程中，融资企业面临着各种各样的风险性，这些暗藏着的风险极可能让企业陷入困境，严重时甚至会导致创始人失去自己的企业，所以风险控制是有必要的。

◎ 私募股权投资中不可忽视的风险

融资企业在引入私募股权投资之后并不是高枕无忧了，除了需要完成创业项目之外，还需要警惕引入私募股权投资企业可能会出现的各种风险。

中小企业的危机

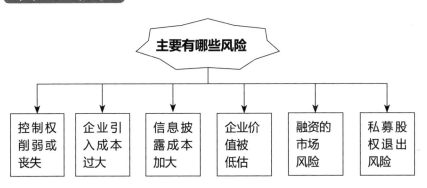

主要有哪些风险

| 控制权削弱或丧失 | 企业引入成本过大 | 信息披露成本加大 | 企业价值被低估 | 融资的市场风险 | 私募股权退出风险 |

控制权削弱或丧失
大部分的中小企业及家族企业的股权高度集中,引入私募股权投资必定会改变股权结构,稀释原股东对企业的控制权。另外,如果原股东失去对企业的绝对控制权,那么企业原本拥有的经营独立性和自主性就会被削弱或者丧失。

企业引入成本过大
中小企业引入私募股权投资,那么面对的筹资费用包括承销费、保存费、审计费、宣传费及中介机构支付费用等。中小企业与大企业相比,中小企业筹资费用要高,并且这些费用都必须从名义筹资额或者股票发行溢价中扣除,最终引起实际筹资额降低。

信息披露成本加大
中小企业引入私募股权投资势必会将企业内的财务情况、项目情况及企业发展情况等与投资人进行沟通,以保障其利益。因此,企业的信息披露成本必定会高于未引入私募股权投资之前。

企业价值被低估
在私募股权投资的过程中,对被投资企业的价值评估非常重要。估值是对企业未来持续经营与获利能力的预测,其结果决定了中小企业的股权数量、控制权大小及分红规模。但在实际的投资中,中小企业价值一般被低估,这主要取决于被投资企业与投资人双方的谈判能力。

融资的市场风险
私募股权投资本身就是一种是市场经济行为,所以市场的一些未知因素也可能带来风险。市场风险是指因为私募市场行情变动而引发实际收益偏离预计收益而带来的风险。

私募股权退出风险
私募股权投资最终的目的在于退出收获利益,在退出渠道中,最容易引发企业震动的是股份出售,股份出售的集中度要远远高于公开发行的股票。因此,如果一旦股份被出售给竞争对手或被恶意收购,那么将对企业的经营造成巨大的危机。

◎ 对于"风险"的管理方案

了解到了私募股权投资对于融资企业的风险，是不是就该果断避之呢？答案是否定的。我们应该看到这些投资确实帮助了一批企业迅速地成长并取得成功，所以融资企业不应该对其躲避，而应该注意风险控制。

投资需注意的问题

维护控制权　将维护控制权放在心里，强化企业内部的管理。在私募股权投资的过程中，让专业人士参与其中，从法律上清晰协议内容。另外，最好不要一次释放太多的股权，要为下一次融资保留空间做准备，释放太多的股权也会直接涉及公司的控制权问题。

准确的自身估算　企业估值时，要全面的考虑各种因素，在合理并客观的假设下，正确估算企业自身的价值。中小企业估值偏高或偏低，都会直接影响企业自身的利益，导致投资者的丧失，从而降低了企业的价值，有碍于企业自身未来的发展。

慎选投资者　私募股权投资机构会慎重选择能够给他们创造利益的企业，对于被投资企业而言，在投资的过程中也需要慎重选择投资者。除了考虑投资者的投资额度之外，更为重要的是考虑投资对于企业未来发展方向的规划，观察投资者是否抱支持的态度。

协调投资双方关系　在投资的过程中，投资的双方可能就诸多问题存在一定的异议，这是很正常的现象。但是如果处理不当，可能会影响企业的发展不顺利，也可能会导致企业的管理层更换。所以，在投资的过程需要注意协调双方之间的关系，达成战略合作，最终促进企业的发展。

第 3 章

了解不同类型的私募股权基金设立

虽然私募股权投资能够为企业带来资金，使得企业得到发展，但需要注意的是，私募股权基金也分为不同的类型。他们的组织形式、管理方式及公司结构都不同，其对融资企业的投资也不同，下面来看一看不同类型的的私募股权基金。

私募基金管理公司的设立

　　对于私募基金公司，融资企业不必将其想得太过于复杂，实际上私募基金公司的设立与一般的公司大致上相同。只是私募基金公司设立的门槛要高于一般公司，从最初的 3 000 万元到现在部分地区 1 亿元不等。下面来具体看一看私募基金管理公司的设立情况。

◎ 私募基金公司设立流程

　　私募股权基金设立的步骤并不复杂，但是申请人需要提前准备好相关的文件材料。这些文件较多，如果材料不完备，会影响审批的时效。

企业提交的材料

①"投资基金"或"投资基金管理"企业会商申请书	②章程或合伙协议草案	③股东或合伙人资格证明	④法定代表人或执行合伙人身份证明	⑤拟设立企业投资领域及管理团队情况介绍

基金设立流程

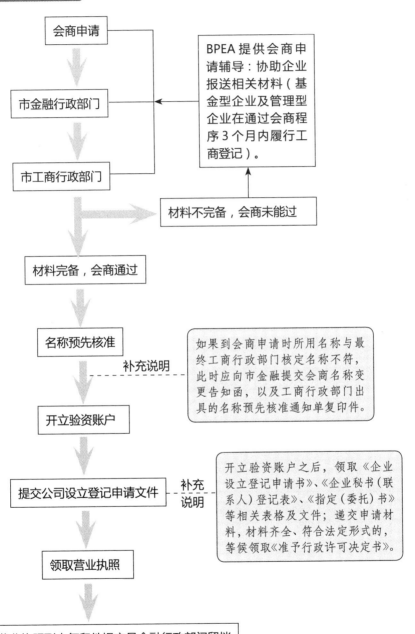

◎ 基金型企业的设立条件

投资基金是指以非公开方式募集的股权投资基金、产业投资基金及创业投资基金等非证券类投资基金。投资基金可以实行公司制、合伙制，即基金型企业。

基金型企业设立条件

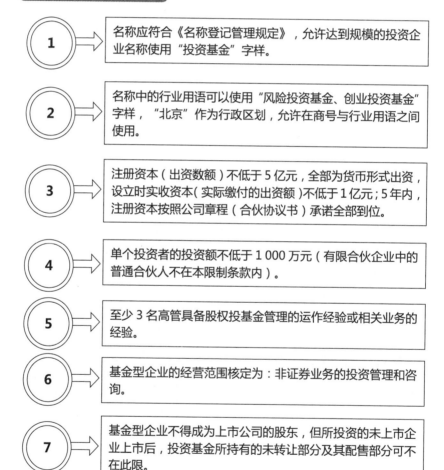

1 名称应符合《名称登记管理规定》，允许达到规模的投资企业名称使用"投资基金"字样。

2 名称中的行业用语可以使用"风险投资基金、创业投资基金"字样，"北京"作为行政区划，允许在商号与行业用语之间使用。

3 注册资本（出资数额）不低于5亿元，全部为货币形式出资，设立时实收资本（实际缴付的出资额）不低于1亿元；5年内，注册资本按照公司章程（合伙协议书）承诺全部到位。

4 单个投资者的投资额不低于1 000万元（有限合伙企业中的普通合伙人不在本限制条款内）。

5 至少3名高管具备股权投基金管理的运作经验或相关业务的经验。

6 基金型企业的经营范围核定为：非证券业务的投资管理和咨询。

7 基金型企业不得成为上市公司的股东，但所投资的未上市企业上市后，投资基金所持有的未转让部分及其配售部分可不在此限。

◎ 管理型企业的设立要求

投资基金管理公司是指接受投资基金委托，规范管理运营投资 基金的公司，简称为管理型企业。管理型企业与基金型企业的设立大致上相同。

管理型企业设立条件

①公司制管理型企业，如"北京"作为行政区划，允许在商号与行业用语之间使用。合伙型企业"北京"作为行政区划，必须放在商号和行业用语的前面。

②管理型企业名称核定为：北京 ×× 投资基金管理有限公司或北京 ×× 投资基金管理中心（有限合伙）。

③注册资本（出资数额）不低于 3 000 万元，全部为货币形式出资，设立时实收资本（实际缴付的出资额）不低于 3 000 万元。

④单个投资者的投资数额不低于 100 万元（有限合伙企业中的普通合伙人不在本限制条款内）。

⑤至少 3 名高管具备股权投基金管理运作经验或相关业务经验。

⑥管理型企业的经营范围核定为：非证券业务的投资管理、咨询。

⑦管理型企业和投资型企业不得成为上市公司的股东，但是所有投资的未上市企业上市后，所持有的未转让部分及其配售部分可不在此限。

小贴士

基金型企业与管理型企业的经营范围，除了上文提到的非证券业务的投资管理、咨询外，可申请从事经营范围以外的其他经营项目，但是不得从事下列业务：

（1）发放贷款；

（2）公开交易证券投资或金融衍生品交易；

（3）以公开方式募集资金；

（4）对被投资企业以外的企业提供担保。

从企业的设立步骤中可以看到，企业设立的步骤较多，并且准备的材料也较多，所以完成基金管理企业的设立流程的时间也较长。根据北京股权投资基金协会提供的数据，完成基金管理企业的设立流程，一般为 1～2 个月，如表 3-1 所示为所需时间表。

表 3-1　企业设立时间表

项目	所需时间	项目	所需时间
由 BPEA 向市金融、工商行政部门取得会商申请结果	10 天	刻章	5 天
核名	5 天	申办组织机构代码证	1 天
认资、寻找验资机构	2 天	取得组织机构代码证	5 天
取得验资报告	5 天	申办统计证	1 天
申请营业执照	2 天	取得统计证	3 天
取得营业执照	5 天	申办税务登记证	1 天
升办银行基本户	1 天	取得税务登记证	5 天

"结构完整，层次分明"的公司制

提到私募基金就不得不提公司制私募，它是比较传统的一种私募基金形式。公司制私募股权基金以公司的形式组织，以发行股的方式募集资金。而私募投资者以"购买基金公司股份"的方式认购基金，从而成为基金公司的股东。

◎ 公司型私募股权基金的一般形式

公司型私募股权基金的设立程序与一般的股份公司相同，其法人管理结构也相同，设有股东会、董事会及监事会等。但是基金公司的经营管理结构与一般的股份公司有明确的不同。

公司型私募基金与一般股份公司的区别

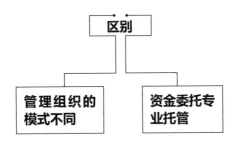

管理组织模式不同

在管理组织方面，基金公司不设立经营管理组织部门，而是委托专业的管理机构或者外部的专业团队进行运营。

资金委托专业托管

在资金管理方面，基金公司与一般的公司不同。基金公司的资金委托专业的人或机构进行保管，便于资金进出的监管，通常托管机构为银行。

◎ 公司型私募股权基金的优势分析

公司型私募股权基金相较于信托制和有限合伙制而言，有其独特的优势。尤其表现在基金管理方面，公司制度使得私募股权投资行为受到层层监管，并且逐级上报，减少了失误，保障了投资决策的科学性及缜密性。另外，这种模式并不是一成不变的，在出现竞争者或其他特殊情况下，这种决策程序可能会被简化，从而提高基金投资的反应速度。

公司制基金的优势

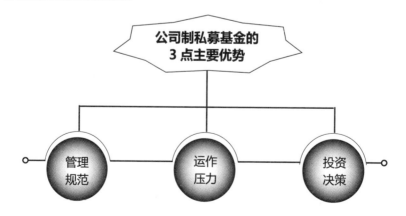

公司制私募基金的
3 点主要优势

管理规范　　运作压力　　投资决策

管理规范 公司型私募股权基金有健全的现代化企业管理制度，拥有股东会、董事会及监事会等，分权制衡的机制强化了各种决策程序的科学性。

公司型私募股权基金的管理运营团队一般都是高新聘请的专业投资管理机构，是一种委托代理机制，不鼓励管理运营者参与。管理运营的责任就是发现项目，购买企业股权，然后溢价卖出。因此，经营管理者运作压力相对较小，不必像自身投资其中的一般合伙人时常顾及资本受损情况，从而取得更大的运作空间。 **运作压力**

投资策略 公司型私募股权基金的投资决策缜密，管理运营团队下面设置项目经理，由其带领团队进行投资项目的挖掘、行业调研、初步筛选和投资指标评价等，然后提交报告给基金管理运营团队，基金管理运营团队经过核实，组织尽职调查，形成投资建议书，再呈报董事会进行决策。

◎ 公司型私募股权基金设立的条件

设立公司制私募股权基金需要满足一定的条件，不仅要符合《中华人民共和国公司法》的相关规定，还要符合《外资创投管理规定》及《创投暂行办法》对国内设立公司制创业投资基金的特别规定。

公司制私募基金设立的条件

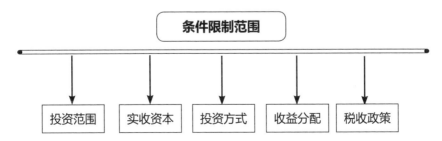

条件限制范围

| 投资范围 | 实收资本 | 投资方式 | 收益分配 | 税收政策 |

条件限制的具体内容

投资范围
规定创业投资企业的投资者人数不超过 200 人（以有限责任公司形式设立创业投资企业的，投资者人数不得超过 50 人）的同时，还特别规定"单个投资者对创业投资企业的投资金额不得低于 100 万元"。

实收资本
实收资本不低于 3 000 万元人民币，或者首期实收资本不低于 1 000 万元人民币，且全体投资者承诺在注册后的 5 年内补足不低于 3 000 万元人民币实收资本。

投资方式
允许以特别股权方式投资《创投暂行办法》规定，经与被投资企业签订投资协议，创业投资企业可以以股权和优先权、可转换优先股等准股权方式对未上市企业进行投资。

收益分配
创业投资企业可以从已实现投资收益中提取一定比例作为对管理人员或管理顾问机构的业绩报酬，建立业绩激励机制。

税收政策
创业投资企业采取股权投资方式投资于未上市中小高新技术企业 2 年以上，可以享受的税收优惠政策有：应纳税所得额抵扣制度；创业投资企业可按创业投资企业对中小高新技术企业投资额的 70% 抵扣该创业投资企业的应纳税所得额。

"分工合作，互惠互利"的有限合伙制

融资企业尤其需要注意有限合伙制，如今的国内私募股权投资运用最多的一种私募基金类型就是有限合伙制，它是由投资管理公司（GP）和一部分合格投资者（LP）共同成立一个有限合伙企业作为基金主体。

◎ 有限合伙制私募股权基金

在有限合伙制度私募股权基金中，有限合伙人是资金主要提供者，不参与企业日常管理。普通合伙人作为企业管理者，相应出资比例约占合伙资金的 1%，作为激励，普通合伙人未来获得业绩报酬的分配比例可达 20% 左右。

有限合伙人以其认缴的出资额为限，对合伙企业债务承担责任，普通合伙人对合伙企业债务承担无限连带责任，以此来保护投资者的权益。在这种模式下，私募基金管理人可以绕过信托公司独立筹集和运作基金，除了在法律范围内的特殊性和不存在信托管理人以外，这种新型私募股权投资基金的运营架构与阳光私募信托基金并无二致。

有限合伙制私募基金设立的条件

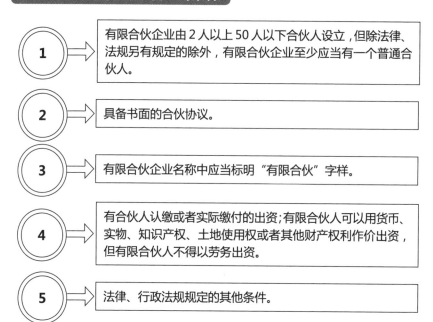

1　有限合伙企业由 2 人以上 50 人以下合伙人设立，但除法律、法规另有规定的除外，有限合伙企业至少应当有一个普通合伙人。

2　具备书面的合伙协议。

3　有限合伙企业名称中应当标明"有限合伙"字样。

4　有合伙人认缴或者实际缴付的出资；有限合伙人可以用货币、实物、知识产权、土地使用权或者其他财产权利作价出资，但有限合伙人不得以劳务出资。

5　法律、行政法规规定的其他条件。

有限合伙制私募基金的特征

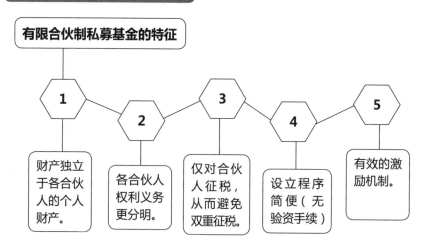

有限合伙制私募基金的特征

1　财产独立于各合伙人的个人财产。

2　各合伙人权利义务更分明。

3　仅对合伙人征税，从而避免双重征税。

4　设立程序简便（无验资手续）。

5　有效的激励机制。

◎ 有限合伙制私募股权基金的核心条款

有限合伙制私募股权基金相较于信托制和公司制私募股权基金而言，有其独特的核心条款来维持企业的运行。

有限合伙制私募基金的六大核心条款

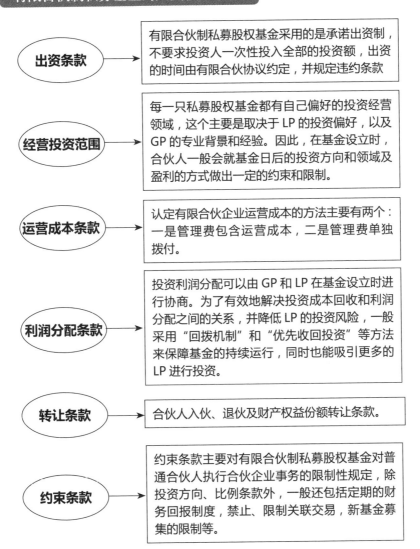

出资条款	有限合伙制私募股权基金采用的是承诺出资制，不要求投资人一次性投入全部的投资额，出资的时间由有限合伙协议约定，并规定违约条款
经营投资范围	每一只私募股权基金都有自己偏好的投资经营领域，这个主要是取决于 LP 的投资偏好，以及 GP 的专业背景和经验。因此，在基金设立时，合伙人一般会就基金日后的投资方向和领域及盈利的方式做出一定的约束和限制。
运营成本条款	认定有限合伙企业运营成本的方法主要有两个：一是管理费包含运营成本，二是管理费单独拨付。
利润分配条款	投资利润分配可以由 GP 和 LP 在基金设立时进行协商。为了有效地解决投资成本回收和利润分配之间的关系，并降低 LP 的投资风险，一般采用"回拨机制"和"优先收回投资"等方法来保障基金的持续运行，同时也能吸引更多的 LP 进行投资。
转让条款	合伙人入伙、退伙及财产权益份额转让条款。
约束条款	约束条款主要对有限合伙制私募股权基金对普通合伙人执行合伙企业事务的限制性规定，除投资方向、比例条款外，一般还包括定期的财务回报制度，禁止、限制关联交易，新基金募集的限制等。

◎ 有限合伙制私募股权基金的设立

相对于其他形式的基金而言，有限合伙制私募股权基金的设立步骤比较简单，这也是吸引众多管理者的原因之一。

有限合伙制私募基金设立步骤

有限合伙制私募基金设立

名称预先审核

合伙型私募股权投资基金企业应按照规定预先申请名称核准，名称必须标明"有限合伙"。在进行名称核准之前，应至少确定企业的商号、注册资本、投资人及投资比例等相关事项。但各地对名称核准的要求有所差异，设立时应以注册地命名要求为准。

申请设立登记

设立有限合伙企业，应按照工商登记部门的要求提交申请材料。申请人应当由全体合伙人指定的代表或者共同委托的代理人向企业登记机关提交设立所需文件。

领取营业执照

申请人提交的申请资料齐全，符合法定形式，企业登记机关能够当场登记的，应予当场登记，颁发营业执照，合伙企业营业执照签发日期为合伙企业成立日期。领取营业执照后，还应刻制企业印章，办理组织机构代码证，申请纳税登记，开立银行基本账户。在取得企业基本账户开户许可证后，企业方可进行对外投资。

备案登记

《关于促进股权投资企业规范发展的通知》要求股权投资企业实行强制备案，股权投资企业除不用强制备案的情形外，均应当按照本通知要求，在完成工商登记后的1个月内，申请到相应管理部门备案。

"受人之托，代人理财" 的信托制

信托制中的私募投资者并不参与具体的投资决策，所以这种类型的私募基金投资决策效率更高，在一定程度上而言也有利于企业融资。信托制私募股权基金是一种通过信托模式募集资金，对符合法定要求的企业进行股权投资，并提供经营管理服务的利益共享、风险共担的集合投资制度，通过投资未上市企业的上市退出、资产重组或资本运作获取投资收益。

◎ 信托制私募股权基金的运作模式

信托制私募股权基金是一种资金信托，按照先"筹资"后"投资"的程序进行操作。私募股权投资信托计划成立后，信托公司成为私募股权基金信托中的唯一受托人，亲自处理信托事务，独立进行投资决策和风险控制。

如果信托协议中事先有明确约定，信托公司可以聘请第三方提供的投资顾问服务，但是投资顾问不能够代为实施投资决策。并且信托公司应该对投资顾问的管理团队的基本情况和历史业绩展开尽职调查。

信托制私募基金的具体设立

信托制私募基金设立流程

1 信托公司作为受托人，根据信托合同，通过信托平台募集资金和设立基金，发行基金凭证。

2 投资人作为委托人，购买基金凭证，将财产委托给受托人管理，信托合同一经签订后，基金财产的所有权和经营权随即全部转移给受托人。

3 基金保管人对基金财产行使保管权和监督权，并办理投资运作的具体清算交收业务。

4 受托人以自己名义管理基金财产，发现投资目标后，向受资公司进行投资，通过受资公司上市或资产并购受益，投资成果的分配依信托合同的约定进行。

5 受托人聘请投资顾问对筛选项目、项目投资决策提供专业咨询意见。

6 项目退出后，信托受益人（委托人）根据信托合同享受信托收益或承担风险。

信托制私募基金的运作

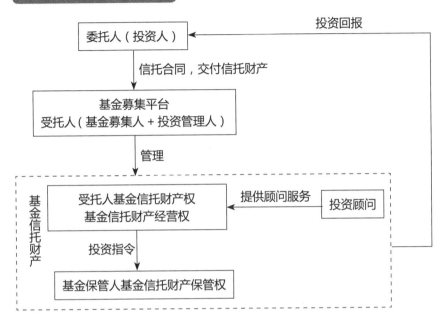

◎ 信托制私募股权基金的各法律主体

信托是一种财产管理制度，它的核心内容是"受人之托，代人理财"，是在信任的基础上形成的一种投资理财。委托人基于对受托人的信任，将其财产委托给受托人，而受托人按照委托人的意愿以自己的名义，为受益人的利益或者特定目的进行管理的行为。

信托制私募股权基金是信托业务的一种，是依据《中华人民共和国信托法》及《信托公司集合资金信托管理办法》等相关法律设立的投资基金。通过信托契约明确委托人（投资人）、受托人（投资管理机构）和受益人三者之间的权利义务关系，实现资金与专业管理能力的结合。

信托制私募基金各主体的内容

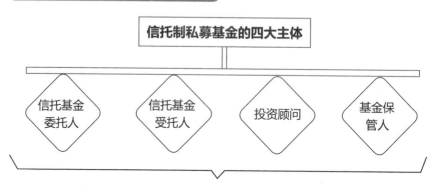

信托制私募基金的四大主体

| 信托基金委托人 | 信托基金受托人 | 投资顾问 | 基金保管人 |

信托制私募股权基金中主要有以上四大主体，它们在私募股权投资中各自所承担的责任和义务不同。例如信托基金委托人，投资人既是委托人，又是信托受益人。

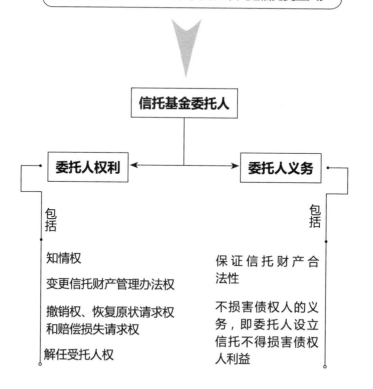

信托基金委托人

委托人权利 ← → 委托人义务

包括

知情权

变更信托财产管理办法权

撤销权、恢复原状请求权和赔偿损失请求权

解任受托人权

包括

保证信托财产合法性

不损害债权人的义务，即委托人设立信托不得损害债权人利益

信托基金受托人需要符合的条件 --- 补充说明 --- 信托公司作为受托人,既是资金的募集人,又是投资管理人,扮演着不同的角色,是非常重要的主体。所以信托公司从事私募股权投资信托业务应该符合一定的条件。

①具有完善的公司治理结构。

②具备完善的内部控制制度和风险管理制度。

③配备一定数量与业务相关的专业人员。

④固有资产状况和流动性良好 符合监管要求。

⑤中国银监会规定的其他条件。

投资顾问 --- 补充说明 --- 投资顾问并不是必需的,根据信托文件约定情况来确定,但是投资顾问也需要满足一定的条件。

条件

① 持有不低于信托计划 10% 的信托单位。

② 实收资本不低于 2 000 万元人民币。

③ 有固定的营业场所和与业务相适应的软硬件设施。

④ 有健全的内部管理制度和投资立项、尽职调查及决策流程。

⑤ 投资股权团队主要成员股权投资业务从业经验不少于 3 年 ,业绩良好。

⑥ 无不良从业记录。

⑦ 中国银监会规定的其他条件。

◎ 信托制与有限合伙制的比较

目前国内在许多开展 PE 业务的私募基金和风险投资基金中，大多数采用的都是合伙制，而信托公司是有限责任公司制。有的人认为，有限责任公司制的信托公司与合伙制的私募基金及风险投资基金比较，其激励机制相差很远。所以，以信托公司现有的有限责任公司制开展的 PE 业务并不是最佳的模式。其实不然，以不同的模式开展业务利弊也各不相同。表 3-2 所示为信托制与有限合伙制的比较。

表 3-2　信托制与有限合伙制的比较

比较项目	信 托 制	有限合伙制
募集渠道	以信托公司作为渠道	以普通合伙人号召力形成渠道
募集形式	募集到位机制	承诺募集制
投资顾问选择	由信托机构根据评审标准审核后确定	由普通合伙人确定
治理结构	通过投资顾问和信托公司双重管理	普通合伙人是管理人，自主权度大
证监会认可程度	直接以信托方式投资，证监会不认可，需要以信托加合伙制的方式加以规范	有不确定性
税收	信托作为有限合伙人，信托持有人税收相对确定	机构作为合伙人，税率按机构税率执行；个人作为合伙人，有多种可能性

从表格内容可以清晰地看到，信托制与有限合伙制各有优势，所以具体选择哪种模式开展 PE 业务主要取决于公司的侧重点。

CHAPTER

04

第4章

认识融资企业真正的投资者

私募股权投资虽然是投资机构直接进行投资，但是资金的来源并不是机构的自有资金，而是来自于私募基金投资者，所以企业在融资之前还需要了解投资自己的真正投资者。他们是如何对企业进行投资的？下面来具体介绍。

私募股权基金的募集

　　私募基金投资主要在于"私募"二字，所以并不是任何人都可以进行投资私募基金，也不是任何人都可以对融资企业进行投资。这是一种针对性很强的投资，所以私募基金的募集对象只是少数特定的对象。下面来具体看看私募股权基金是如何募集的。

◎ 私募股权基金的资金募集认识

　　资金的募集是私募股权投资基金成立的第一步，如果不能够募集到计划内的资金，那么基金下一步的工作就没有办法展开。私募基金是采用私募方式发行，向少数以投资而非转售为目的的特定对象发行证券的行为。

　　私募股权基金，关键在于"私募"二字，有3层含义：一是对私募基金募集对象或投资者的范围和资格有一定要求；二是指基金的发行不能借助传媒；三是由于投资具有抗风险能力和自我保护能力，因此在合法合规经营的情况下，一般政府不需要对其进行监管。

私募基金的发行特点

基金募集资金针对特定的对象

在私募基金中，通常将投资者划分为没有自我保护能力的社会公众投资者和具有自我保护能力的专业投资高手。在募集的过程中，除去非公开的方式，仅对少数特定对象的基金，证券法规和政府监管机构不进行过多的干预。因此，为了获得监管方面的豁免，私募基金只能够针对少数高收入或者高财产特定对象。

基金募集方式的非公开

由于大部分的基金都是面向社会公众募集，所以基金投资的成功与否关系着社会公众的普遍利益，需要有关部门进行严格的监管。而私募基金的募集针对的是少数特定人群进行的非公开募集，所以得到了监管方面的豁免。但是，私募基金不能够采取一般性公告行为。其中，所谓公开是指以公告、广告、电传信息、电话、发表会及说明会等方式募集。

基金的申购与赎回

基金投资者而言，基金的申购和赎回是关系利益的重要步骤，一般的基金投资只需要通过基金公司、网络平台或者证券交易所进行操作，就可以办理基金的申购和赎回。但是在私募基金中，投资人的申购和赎回都需要与发行人进行一对一的直接协商，从而保证私募证券发行与转售的非公开性和仅面对特定对象。

投资者参与私募基金的目的性

在私募基金中，每个投资者参与其中的目的都是为了投资而非转售。判断投资者参与私募基金的目的是投资，而不是转售的标准在于其持有私募基金的时间。正是因为对投资者参与私募基金的目的存在限制，所以为私募基金降低开放频率提供了制度基础。

募集资金的规则

①私募基金管理人、私募基金销售机构不得向投资者承诺投资本金不受损失或者承诺最低收益。

②私募基金管理人、私募基金销售机构应当采取问卷调查等方式，对投资者的风险识别能力和风险承担能力进行评估，由投资者书面承诺符合合格投资者条件；应当制作风险揭示书，由投资者签字确认。

③投资者应当如实填写风险识别能力和承担能力问卷，如实承诺资产或者收入情况，并对其真实性、准确性和完整性负责。填写虚假信息或者提供虚假承诺文件的，应当承担相应责任。

④投资者应当如实填写风险识别能力和承担能力问卷，如实承诺资产或者收入情况，并对其真实性、准确性和完整性负责。填写虚假信息或者提供虚假承诺文件的，应当承担相应责任。

⑤投资者应当确保投资资金来源合法，不得非法汇集他人资金投资私募基金。

小贴士

在有限合伙制中，同时涉及有限合伙人（LP）和普通合伙人（GP）。在有限合伙制企业内，由普通合伙人执行合伙事务，有限合伙人不参与。

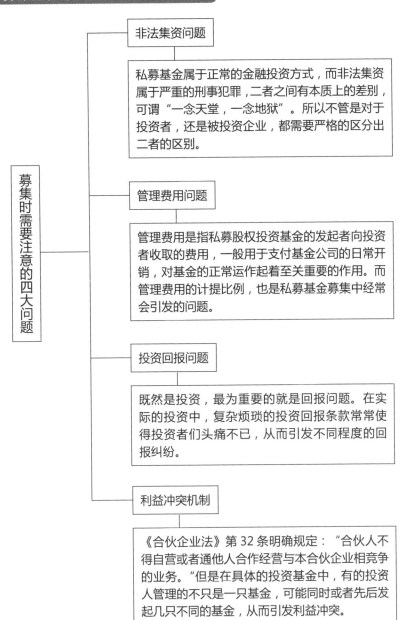

募集过程中需要注意的四个问题

募集时需要注意的四大问题

非法集资问题

私募基金属于正常的金融投资方式，而非法集资属于严重的刑事犯罪，二者之间有本质上的差别，可谓"一念天堂，一念地狱"。所以不管是对于投资者，还是被投资企业，都需要严格的区分出二者的区别。

管理费用问题

管理费用是指私募股权投资基金的发起者向投资者收取的费用，一般用于支付基金公司的日常开销，对基金的正常运作起着至关重要的作用。而管理费用的计提比例，也是私募基金募集中经常会引发的问题。

投资回报问题

既然是投资，最为重要的就是回报问题。在实际的投资中，复杂烦琐的投资回报条款常常使得投资者们头痛不已，从而引发不同程度的回报纠纷。

利益冲突机制

《合伙企业法》第 32 条明确规定："合伙人不得自营或者通他人合作经营与本合伙企业相竞争的业务。"但是在具体的投资基金中，有的投资人管理的不只是一只基金，可能同时或者先后发起几只不同的基金，从而引发利益冲突。

在以上的四大问题当中，尤其需要对非法集资问题与管理费用问题引起重视，这两个问题在私募股权投资募集常常遇到。

非法集资问题

含义

业内对防止非法集资主要从两个方面进行限制，一是募集人数不能够超过 200 人，否则会构成公开发行，二是不能承诺固定收益，否则会有可能触犯刑法。

补充说明

2011 年 1 月 4 日起施行的《最高人民法院关于审理非法集资刑事案件具体应用法律若干问题的解释》中，对非法集资的构成要件做了明确规定：

（1）未经有关部门依法批准或者借用合法经营的形式吸收资金；

（2）通过媒体、推介会、传单及手机短信等途径向社会公开宣传；

（3）承诺在一定期限内以货币、实物、股权等方式还本付息或者给付回报；

（4）向社会公众即社会不特定对象吸收资金。

管理费问题

重要性　私募股权投资基金的管理费计提比例问题是有限合伙协议中的必备条款。

计提比例

对于管理费的计提比例，一般为有限合伙人总出资金额的 2%，另外有些也会随着时间而出现递增或者递减的安排。例如在开始的 1 ～ 2 年内管理费为 2%，在之后的几年按照实际投资金额的 2% 计提或逐渐减少至 1.5%。另外，也会出现管理费随着基金管理公司管理的基金规模下降而递减的情况。

决定管理费计提比例的因素

包括有基金的规模、类型、聘用的人员、租用办公室的地址及规模、基金存续期的长短等，另外最重要的一点是双方在有限合伙协议中的约定内容。

◎ 私募基金募集怎么做

由于私募基金的募集环节较多，不免出现混乱情况，所以 2016 年 4 月 15 日，中国证券投资基金协会发布了《私募投资基金募集行为管理办法》（以下简称为"募集办法"），明确了私募基金产品的募集程序和要求，并且制定了募集专用账户、冷静期及回访确认等新的监管事项。

不可否认的是，《募集办法》的出台确定了各个操作环节的具体要求，直接规范了以往私募基金在募集环节的诸多杂乱现象。

完整的募集过程

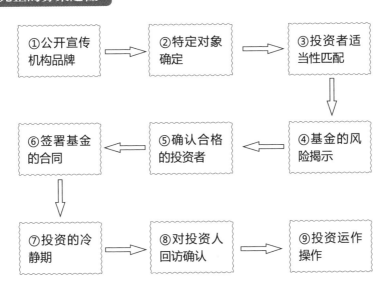

"投资冷静期"与"回访确认"是中国证券投资基金协会颁布的《募集办法》中的一个重要要求。很多的投资人对其了解不多，也不能够真正地了解其具体实质，以及带来的影响。

投资冷静期与回访的程序确定

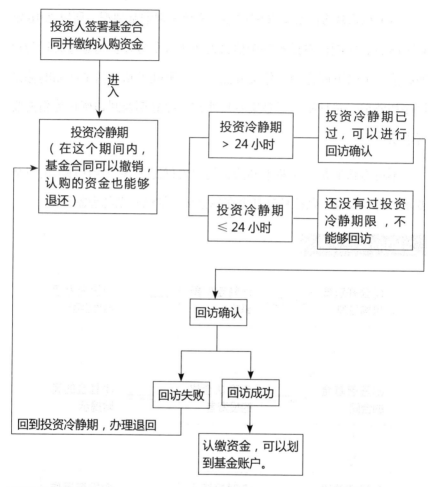

小贴士

根据流程图可以清晰地看出，投资冷静期与回访的程序关系。但是需要注意的是，私募投资基金中的冷静期有别于保险产品的犹豫期。在私募股权基金中，投资冷静期并不是唯一办理解除基金合同的期限。当投资冷静期结束之后，募集机构进行回访确认，投资者在确认成功之前都有权解除基金合同。

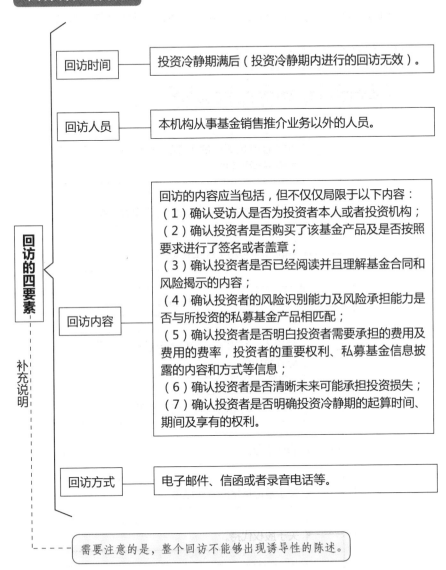

回访确认的内容

回访的四要素

回访时间 投资冷静期满后（投资冷静期内进行的回访无效）。

回访人员 本机构从事基金销售推介业务以外的人员。

回访内容
回访的内容应当包括，但不仅仅局限于以下内容：
（1）确认受访人是否为投资者本人或者投资机构；
（2）确认投资者是否购买了该基金产品及是否按照要求进行了签名或者盖章；
（3）确认投资者是否已经阅读并且理解基金合同和风险揭示的内容；
（4）确认投资者的风险识别能力及风险承担能力是否与所投资的私募基金产品相匹配；
（5）确认投资者是否明白投资者需要承担的费用及费用的费率，投资者的重要权利、私募基金信息披露的内容和方式等信息；
（6）确认投资者是否清晰未来可能承担投资损失；
（7）确认投资者是否明确投资冷静期的起算时间、期间及享有的权利。

回访方式 电子邮件、信函或者录音电话等。

补充说明 需要注意的是，整个回访不能够出现诱导性的陈述。

◎ 信托型私募股权投资基金的设定

前面提到私募股权投资的 3 种组织形式，分别是信托制、公司制和合伙制。信托制占据着私募投资基金大部分的信托计划、基金公司资管计划及券商资管计划，以下以信托型为例介绍私募基金的设定。

设立信托制私募股权投资基金

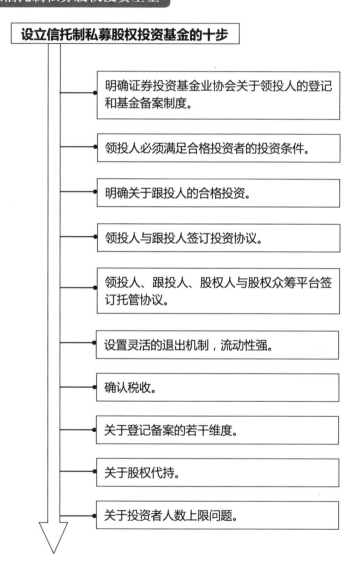

设立信托制私募股权投资基金的十步

明确证券投资基金业协会关于领投人的登记和基金备案制度。

领投人必须满足合格投资者的投资条件。

明确关于跟投人的合格投资。

领投人与跟投人签订投资协议。

领投人、跟投人、股权人与股权众筹平台签订托管协议。

设置灵活的退出机制，流动性强。

确认税收。

关于登记备案的若干维度。

关于股权代持。

关于投资者人数上限问题。

信托型私募基金的 3 种模式

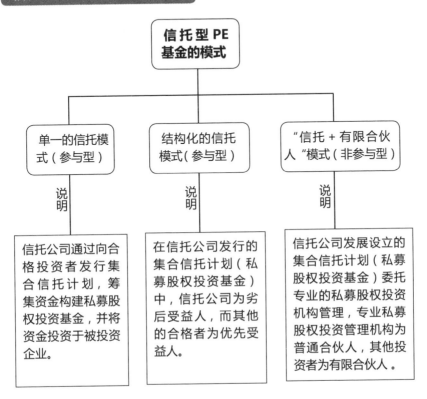

信托型 PE
基金的模式

单一的信托模
式（参与型）

结构化的信托
模式（参与型）

"信托 + 有限合伙
人"模式（非参与型）

说
明

说
明

说
明

信托公司通过向合
格投资者发行集
合信托计划，筹
集资金构建私募股
权投资基金，并将
资金投资于被投资
企业。

在信托公司发行的
集合信托计划（私
募股权投资基金）
中，信托公司为劣
后受益人，而其他
的合格者为优先受
益人。

信托公司发展设立的
集合信托计划（私募
股权投资基金）委托
专业的私募股权投资
机构管理，专业私募
股权投资管理机构为
普通合伙人，其他投
资者为有限合伙人。

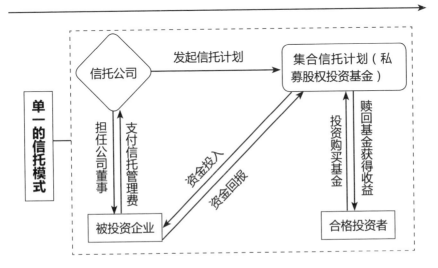

单一的信托模式

信托公司

发起信托计划

集合信托计划（私
募股权投资基金）

担任公司董事

支付信托管理费

资金投入

资金回报

投资购买基金

赎回基金获得收益

被投资企业

合格投资者

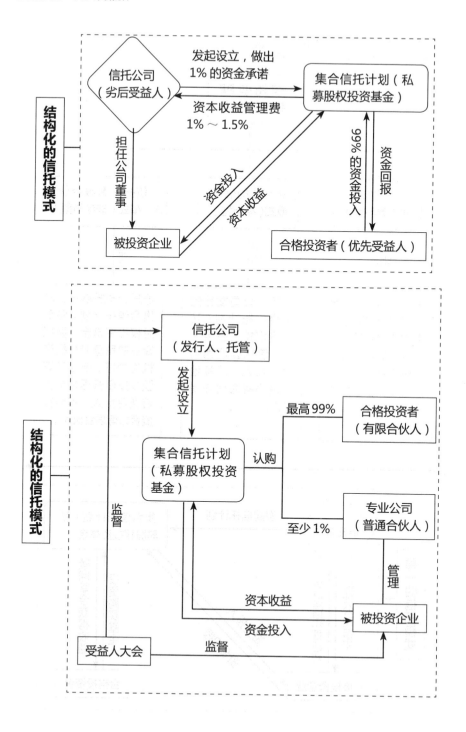

资金募集说明书

根据前面的介绍可以看到私募股权基金的募集并不复杂，同一般的基金募集一样。当然私募资金的募集也同平常的基金募集一样，需要进行募集说明，说明书中主要介绍基金情况，从而吸引投资者参与投资。

◎ 解析《资本招募书》

一份完整的《资本招募书》，其内容全面、信息涵盖广泛，所以篇幅较多。那么，如何在众多的信息中快速找到重点信息，以便知道该基金是不是适合投资呢？

资本招募书的要素

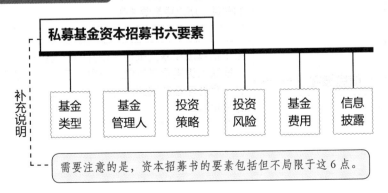

私募基金资本招募书六要素

补充说明

基金类型　基金管理人　投资策略　投资风险　基金费用　信息披露

需要注意的是，资本招募书的要素包括但不局限于这 6 点。

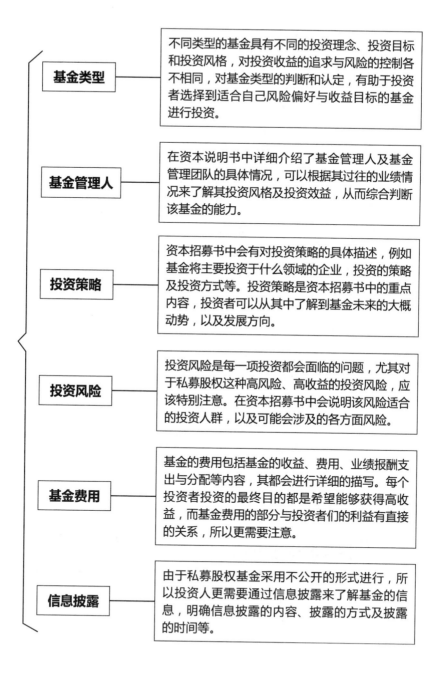

基金类型　不同类型的基金具有不同的投资理念、投资目标和投资风格，对投资收益的追求与风险的控制各不相同，对基金类型的判断和认定，有助于投资者选择到适合自己风险偏好与收益目标的基金进行投资。

基金管理人　在资本说明书中详细介绍了基金管理人及基金管理团队的具体情况，可以根据其过往的业绩情况来了解其投资风格及投资效益，从而综合判断该基金的能力。

投资策略　资本招募书中会有对投资策略的具体描述，例如基金将主要投资于什么领域的企业，投资的策略及投资方式等。投资策略是资本招募书中的重点内容，投资者可以从其中了解到基金未来的大概动势，以及发展方向。

投资风险　投资风险是每一项投资都会面临的问题，尤其对于私募股权这种高风险、高收益的投资风险，应该特别注意。在资本招募书中会说明该风险适合的投资人群，以及可能会涉及的各方面风险。

基金费用　基金的费用包括基金的收益、费用、业绩报酬支出与分配等内容，其都会进行详细的描写。每个投资者投资的最终目的都是希望能够获得高收益，而基金费用的部分与投资者们的利益有直接的关系，所以更需要注意。

信息披露　由于私募股权基金采用不公开的形式进行，所以投资人更需要通过信息披露来了解基金的信息，明确信息披露的内容、披露的方式及披露的时间等。

◎ 私募基金招募书的查看

基金招募说明书是基金最重要、最基本的信息披露文件，有助于投资者全面了解将要买入的基金。

案例陈述

王先生收到一份《资本招募书》，由于平时较为繁忙，面对厚重的《资本招募书》，他有自己独特的查看方式，能够快速地从中找到关键信息，从而决定是否进行投资。

《资本招募书》是一个房地产项目基金的招募，其中 A 公司是一家以房地产开发投资经营为主的民营化企业，总资产超过 2 亿元。如今，某投资机构就 A 公司的广场项目发起设立基金，下图所示为该招募书的目录。

可以看到《资本招募书》中包含基金背景、基金特色、基金结构和基金概要及基金运营等内容，涵盖的信息较为丰富。

首先，王先生对基金投资的风险部分进行了查看，了解基金的风险性是否在自己能够承受的范围之内。如果该风险不在自己的承受范围之内，便可以直接放弃了，没有必要继续进行查看。

然后，查看基金的结构设计，了解基金是如何运作的。各自分别在其中扮演什么样的角色，以及有什么样的权利义务。下图所示为该私募基金项目的基金结构设计。

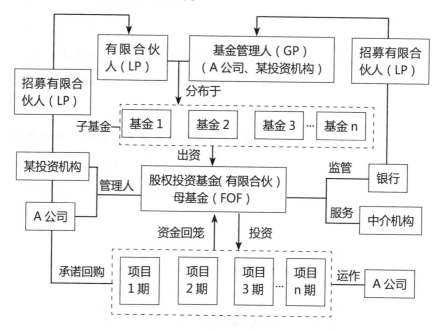

从该基金结构，王先生清晰地知道了 A 公司、某投资机构、银行、中介机构及投资者在整个基金运作中的职责。

接着王先生查看了基金概要以及运营情况。

第四部分 基金的概要与运营

基金名称：×× 私募股权投资基金（有限合伙）；

法律形式：有限合伙；

投资方向：直接投资标的 ×× 股权投资基金（有限合伙），最终投资于 A 公司 "A 广场" 地产项目；

基金管理人（普通合伙人）（GP）：首席管理人某股权投资机构（基金）管理有限公司，联席管理人为 A 公司；

基金规模：人民币 30 000 万元；（一期规模：10 000 万元人民币）；

基金期限：2 年；

基金募集方式：向特定对象非公开、分期募集；

募集对象：具备中长期价值投资理念的个人及机构投资者；

有限合伙人投资起点：人民币 50 万元，按 10 万元的整数倍递增；

基金的投资收益：基金投资收益按合伙人实际出资时间计算实际收益，并按半年支付约定收益；本基金为固定收益类基金，基金按照既定的固定收益回报率区间，参照投资人的出资金额标准支付投资收益，具体如表 4-1 所示。

表 4-1　基金的预计收益

投入金额（百万元）	预期收益率（年）
500 ～ 100（不含）	16%
100 ～ 300（不含）	17%
300 ～ 500（不含）	18%
500 ～ 1 000（不含）	19%
1 000 以上	20%

基金投资盈余与分配中提到：

1. 本基金投资盈余为基金自资金池（母基金）取得的全部投资回报扣除运营管理费用后的净额。

2. 在优先支付基金运营管理费用后按照如下顺序还付：

（1）向有限合伙人还付其约定投资收益及本金。

（2）向普通合伙人还付其约定投资收益及本金。

3. 在有限合伙人的投资本金以及收益未得到足额还付钱，普通合伙人不得取得投资本金及收益还付。

王先生了解到该基金为固定收益类型——半年期支付约定收益，而预期收益率符合自己对收益的期望，所以继续向下查看了该招募计划书。

王先生详细查看了项目介绍，明确了该项目的具体内容，以及对于项目利润测算表进行了评估。然后王先生对A公司及某投资基金的简介进行了详细查看，了解了A公司的项目负责人及其主要成就和公司之前的一些项目计划，也同时了解了某投资机构的历史业绩。

综合来看，王先生觉得当前房地产行业仍然属于大热的阶段，该项目的负责人及企业和投资机构都是实力雄厚的公司。同时，收益率也在自己的期望值之内，所以对项目很感兴趣，准备进一步进行了解。

每逢一只基金要发行的时候，基金公司总是会花费很大的心思去造势，混淆基金投资人的视听。而面对内容繁杂的基金招募书，每个投资人都应该有重点参考的要点，例如基金的结构、基金的运营、投资的风险及投资项目的介绍等。

好东西当然买得明明白白，购买基金也是如此。作为投资基金者，在购买基金之前最为重要的一项工作就是阅读基金招募书。基金的招募说明书类似于一个基本分析，它是基金最基本的信息披露文件，可以帮助投资者充分了解将要买入的基金。

私募股权基金的募集案例分析

前面介绍了私募股权有 3 种不同的组织形式，不同形式的私募股权基金募集资金的难度、方式及条件等不同，为了方便融资企业对其的理解，这里用 3 种不同私募基金募集案例来做介绍。

◎ 公司制私募股权基金募集及案例

如今，私募股权基金在国内迅速成长，其组织形式也逐渐多元化，对于创业投资基金而言，公司制比合伙制及信托制更具有普遍意义。

公司制私募股权基金的资金募集形式

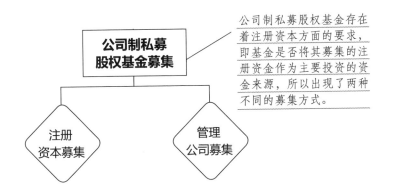

公司制私募股权基金存在着注册资本方面的要求，即基金是否将其募集的注册资金作为主要投资的资金来源，所以出现了两种不同的募集方式。

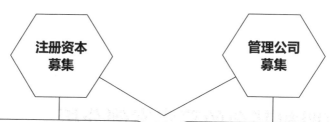

注册资本募集	管理公司募集
注册资本募集，即根据《公司法》《暂行办法》和《管理规定》等规定，直接设立私募股权公司或创投公司，将募集的资金作为注册资本和投资资金来源，在设立的时候即确定投资人及其投资金额。后期，如果想吸引新的投资人，则采用增资的方式；如果投资人退出，则采用减资或股权转让的方式。注册资本募集方式一般适合于私募股权基金发展的初期阶段，主要目的在于积累业绩。	管理公司募集有一定的经验，具备募集他人资金进行投资的资质和能力后，可以在原来公司的基础上，通过有限合伙或信托的方式募集新的基金，将私募基金的规模做大。如果通过有限合伙制募集基金，则原来的公司担任普通合伙人；如果以信托方式募集，则原来的公司担任投资顾问，同时可以接受成为某些上市公司的单一委托投资顾问。管理公司募集处于私募股权基金发展的第二阶段，已经具备一定的经验和业绩。

下面以一个具体的公司制私募股权基金机构为例，介绍公司制私募投资基金的特点。

案例陈述

深圳市创新投资集团的投资情况分析

深圳市创新投资集团（以下简称"深圳创投"）是以资本为主要连接纽带的、母子公司为主体的大型投资企业集团，成立于 1999 年 8 月 26 日。17 年间接洽项目数万个，已投资项目 664 个，领域涉及

IT、通信、新材料、生物医药、能源环保、化工、消费品、连锁及高端服务等，累计投资金额约 228 亿元人民币。

深圳创投在 2015 年 9 月 24 日荣获投资中国"最具创新力中资创业投资机构 TOP10"，但是，其在发展前期仍然面临短期财务压力。深圳创投初期首先通过自有资金对外投资，然后逐步积累经验和业绩，后期通过各种合作模式扩张管理资金模式。目前，深圳创投作为发起人或投资管理人参与的私募基金有 4 种模式：政府引导基金、中外合作基金、受托管理基金及战略合作基金。

（1）政府引导基金：政府引导基金 77 只，总规模 223.17 亿元，其中包括国家中小企业发展基金首只实体基金，规模 60 亿元。在政府引导的基金中包括中央级基金、省级基金、地市级基金及县区级基金。

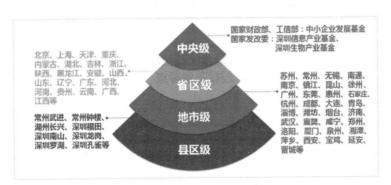

（2）中外合作基金：中外合作的基金目前一共 4 只基金，分别是中新创业投资基金、中以基金、中日 CVI 基金以及红土永佳基金。

（3）受托管理基金：主要包括康沃基金、祥荣基金及华恒创新基金。

（4）战略合作基金：主要包括新金山基金、荣丰行基金、永盛基金、德荣基金、天富基金、新和基金、上海创新基金、合肥创新基金、武汉鑫桥基金、威海创新基金、江韬基金、鼎鑫基金、文泰基金、晨阳基金、春裕基金、银华基金、雅悯基金、领汇基金、瑞德海合伙企业及百商基金。

深圳创投从自有资金进行投资开始，逐渐发展，成为如今管理多个基金投资的基金管理人，并成为国内以创新投资领域为主要投资方向的公司制私募股权基金。

◎ 有限合伙制私募股权基金募集及案例

有限合伙制私募股权基金募集可以划分为具有明确投资项目的募集与没有投资项目的募集两种，不同的普通合伙人资金的募集难度也不同。

有限合伙制私募股权基金的资金的募集

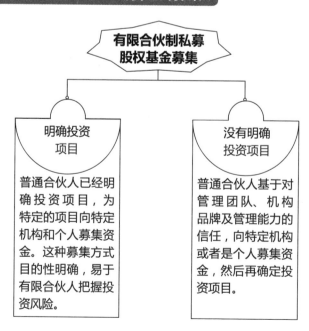

有限合伙制私募股权基金募集

明确投资项目

普通合伙人已经明确投资项目，为特定的项目向特定机构和个人募集资金。这种募集方式目的性明确，易于有限合伙人把握投资风险。

没有明确投资项目

普通合伙人基于对管理团队、机构品牌及管理能力的信任，向特定机构或者是个人募集资金，然后再确定投资项目。

案例陈述

鼎晖投资的投资情况分析

成立于 2002 年 5 月的有限合伙制鼎晖投资，其前身是中国国际金融有限公司的直接投资部。在 2001 年 4 月 18 日证监会发布禁止证券公司从事直接投资业务的规定之后，中金公司将其直接投资部及投资业务进行了拆分，从而设立鼎晖投资。

鼎晖投资一直坚持"稳定投资"的投资理念，这也与其私募股权组织类型有关。有限合伙制公司通常又被称为"两合公司"，是指在有一个以上的普通合伙人承担无限责任的基础上，允许有更多的有限合伙人承担有限责任的组织形式。

有限合伙人是投资的主要投资方，不涉及风险投资基金的管理和运作，只以出资额为限承担有限责任；普通合伙人是投资的管理者，象征性地承担风险投资经营管理中的无限责任。

鼎晖本着对投资者负责的态度，在稳定投资的基础上寻求较高的收益，在私募股权投资的过程中也在不断地改进和发展。成立初期，将自身定位于 PE，只关注类似于蒙牛乳业或者南孚电池这类相对成熟并且传统的项目，从而错过了一些好的项目，例如搜狐和如家。

鼎晖投资董事长早期曾接触过搜狐，当时的搜狐愿意出让 10% 的股份给鼎晖，但当时认为搜狐的模式过于简单，不太看好搜狐的前景。后来，鼎晖接触如家，当时如家要价 15 倍的 PE，鼎晖认为 15 倍 PE 值对于未被充分证明的商业模式过高，所以也放弃了。

不难看出，也许稳定投资的风格风险系数较低，但确实也因此错过了一些项目，所以稳定投资也是一把双刃剑。正是因为其稳健投资的特点，从而得到了更多有限合伙人的信任，从长远来看，更加有利于鼎晖的发展。

目前国内的投资还不成熟，尚且不能够做到投资以后完全由普通合伙人管理，所以为了保护其自身利益，有限合伙人往往要求参与到有限合伙的经营管理中，而往往有限合伙人和普通合伙人之间意见的不统一是投资中的最大的变数。鼎晖投资是国内现存最早的有限合伙制企业，在有限合伙制的私募股权基金方面的经验丰富。

◎ 信托制私募股权基金募集及案例

通常，信托制私募股权基金并没有专门的实体，通过选项尽职调查及一些文件的准备推介，如果发行成功，信托计划即可成立。那么，信托基金的募集也就成功了。

信托制私募股权基金的资金募集步骤

选项尽职调查 信托公司设立信托计划，事前需进行尽职调查，就计划的可行性、合法性、风险性及有无关联方交易等事项进行调查，然后出具可行性报告。

计划推介发行 信托及计划正式成立之前需要先进行推介发行，有意在推介期内进行申购的投资者可以进行预购，在发行期内可以认购缴费。但是信托公司需要向投资者明确披露信托计划的信息，包括收益、风险及管理团队等。

计划正式成立 信托推介发行结束后，如果实际募集资金和签订资金的信托合同数量符合信托计划书及信托合同规定的成立生效的条件，那么信托计划正式成立。

案例陈述

"中信锦绣一号的"投资情况分析

2007 年 4 月 30 日，中信信托成立"中信锦绣一号股权投资基金信托计划"（以下简称"锦绣一号"）。表 4-2 所示为锦绣一号的详细内容。

表 4-2 中信锦绣一号

项目	内容	项目	内容
产品名称	"中信锦绣一号"股权投资基金信托计划	基金信托期限	5 年（根据合同约定可提前终止）
信托目的	委托人基于对受托人的信任，将其合法拥有的资金委托给受托人，由受托人对其进行金融股权方向的投资，通过分享中国金融业高速发展的硕果，实现信托财产的增值	基金信托受益人结构	"优先－次级"受益人结构，次级受益人在与优先受益人共享收益的同时承担更高的风险
受托人	中信信托投资有限责任公司	委托人／受益人	合格机构投资者数量不限，自然人人数不超过 50 人
托管人	中信银行	认购金额限制	优先受益人不低于 1 000 万元，以 100 万元的整数倍增加
基金类型	封闭式	认购费用	额外缴纳认购金额的 2%
投资方向	中国境内金融领域股权投资、IPO 配售和公众公司的定向增发项目	信托管理费	基金信托募集金额×1.5%/ 年
推介期	推介期为 2007 年 3 月 15 日起 40 个工作日	预期收益率	优先级收益权年收益率 6%～25%
成立日期	2007 年 4 月 30 日	收益支付方式	信托到期日一次性支付本金和收益
理事会	认购金超过 3 000 万元的投资者组成	流动性安排	信托存续期不可赎回，可以有条件转让
权力机构	受益人大会	决策机构	投资决策委员会

"中信锦绣一号"计划推出受到广大的投资者关注，不仅由于其高收益率，还因为其是国内第一个私人股权信托产品。该产品充分地将信托产品与银行理财产品相结合，实现了信托和银行之间的互补。另外，产品对受益权的分层设计，也满足了爱好不同投资风险的投资者。下面来看看"中信锦绣一号"的运作流程。

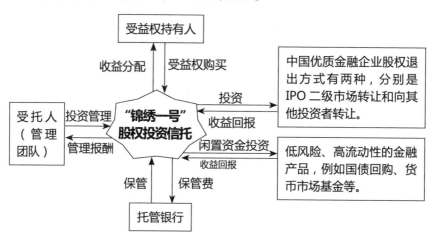

"中信锦绣一号"优先级收益人于 2008 年 5 月拿到了第一笔分红款，分红比例为 40%。根据 2009 年第一季度管理报告，锦绣一号的净值为 0.96 元（除息后），这也就意味着该信托项目的年收益率超过 20%。

另外，"锦绣一号"采用了高准入原则，面向具有一定经济实力和风险承受能力的个人和机构投资者。单一委托人的最低认购额为 1 000 万元。这一设计符合《管理办法》中对投资人的要求。信托产品和银行理财产品相结合的同时又降低了投资门槛，使得更多投资者有机会参与到私人股权投资信托。

私募基金投资人的认缴出资文件

投资人通过私募基金招募书，了解到基金的基本情况之后，有了投资意向就会与基金公司签署出资认缴文件。出资认缴文件是私募股权基金中的重要文件之一，它是投资者与基金公司就投资项目达成一致的书面证明，具有法律效力。

◎ 认缴出资怎么做

投资者选择好想要认购的私募基金之后，就会进入认缴出资环节。经过一系列的手续，以及签署相关文件之后，投资者就能够认购到想要的私募基金了。

投资者认缴出资流程

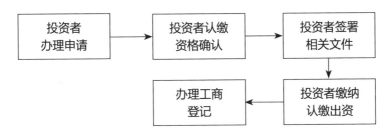

补充说明

（1）自然人投资需递交本人身份证复印件（本人签名）一份。
（2）机构投资者需要递交：加盖公章的营业执照复印件一份；公司认购出资的股东会或董事会决议书。

①投资者办理入伙申请。投资者可与普通合伙人（执行事务合伙人）办理入伙申请，填写并递交附件《认购意向书》。

②投资者认缴资格确认。普通合伙人对投资者资料汇总，确认投资者的入伙资格，出具《同意出资确认书》。

③投资者签署相关文件。普通合伙人将通知投资者签署《入伙风险申明书》，并阅览《有限合伙协议》。

④缴纳认缴出资。投资者可按普通合伙人签发的《缴付通知书》及合同规定，将认缴出资转入合伙企业在银行开立的临时账户（用途注明"××××股权投资基金合伙企业"）。

⑤办理工商登记。在完成资金的缴纳之后，投资者还要根据购买的基金情况办理工商登记，保证自己的合法权益。

　　基金投资人在投资私募基金之前需要签署《认缴出资意向书》、《认缴出资确认书》及《认缴出资确认函》，然后才能够成为私募股权基金的投资人。

◎ 认缴出资意向书及范本

　　认缴出资意向书作为出资文件系列中的第一份文件，主要目的在于确认投资者的投资意愿，也是基金投资的初步想法。认缴出资意向书虽然只是投资前期的一个意向，但是仍然具有法律效力，所以在出资意向书中需要投资者大量的真实信息。

出资意向书内容

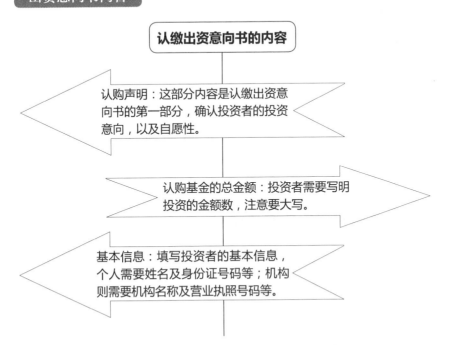

认缴出资意向书的内容

认购声明：这部分内容是认缴出资意向书的第一部分，确认投资者的投资意向，以及自愿性。

认购基金的总金额：投资者需要写明投资的金额数，注意要大写。

基本信息：填写投资者的基本信息，个人需要姓名及身份证号码等；机构则需要机构名称及营业执照号码等。

案例陈述

　　×× 股权投资基金合伙企业（有限合伙）认购意向书

　　认购人声明：

　　本人 / 机构已经认真阅读完毕《×××× 股权投资基金合伙企业（有限合伙）募集文件》，理解并接受募集文件里的全部内容，自主自愿认购基金份额，在本意向书上填写的相关信息真实、准确，并保证认购资金为本人 / 机构合法所有并可支配的合法财产。

　　（一）认购总金额：人民币_____万元整（大写）

　　（二）基本信息

　　个人姓名 / 机构名称：_____

　　身份证号码 / 营业执照号码：_____

　　联系人：_____联系电话：_____

　　电子邮箱：_____传真：_____

　　联系地址：_____邮编：_____

认购人签名（或盖章）：_____

____年____月____日

◎ 认缴出资确认书及范本

　　认缴出资确认书是投资基金企业发给投资者的出资资格确认书，是对投资者的投资资格的确认，投资在认缴出资基金时，需要向投资基金企业出具《同意出资确认书》。

案例陈述

××股权投资基金合伙企业（有限合伙）

同意出资确认书

_____公司（或女士/先生）

经我司审核，贵公司（或您）的《认购意向书》及资格证明文件，符合《合伙协议》关于合伙人的约定，我司同意贵公司（或您）的基金认购出资，特此书面确认。

××投资有限公司

____年 ____月 ____日

◎ 入伙风险申明书及范本

入伙风险申明书，是私募股权投资机构发给私募基金投资者的风险书面说明书。其中，包括对投资风险的具体申明、受托管理人的职责及可能会遇到的风险等。

案例陈述

××股权投资基金合伙企业（有限合伙）

入伙风险申明书

尊敬的投资者：

感谢您加入××股权投资基金合伙企业（有限合伙）。在您签署《××股权投资基金合伙企业（有限合伙）入伙风险申明书》（以下简称"《入伙风险申明书》"）前，请仔细阅读《××股权投资基金合伙企业（有限合伙）合伙协议》及《入伙风险申明书》（以下统称"投资文件"）的具体内容。

××投资有限公司作为××股权投资基金合伙企业（有限合伙）的普通合伙人，同时作为××股权投资基金合伙企业（有限合伙）的受托管理人，在此郑重声明：

（一）承诺在有限合伙企业中恪尽职守，履行诚实信用、谨慎勤勉的义务，为投资者的最大利益服务；

（二）不承诺保本和最低收益，具有一定的投资风险，适合风险识别、评估、承受能力较强的合格投资者；

（三）投资者应当以自己合法拥有的资金入伙××股权投资基金合伙企业（有限合伙），不得非法汇集他人资金参与××股权投资基金合伙企业（有限合伙）；

（四）投资者作为××股权投资基金合伙企业（有限合伙）的有限合伙人，以认缴的出资额为限对合伙企业债务承担责任，普通合伙人对合伙企业债务承担无限连带责任；

（五）在签署投资文件前，您应当仔细阅读本申明书及相关投资文件，谨慎做出是否签署投资文件的决定。您签署了本申明书则表明您已认真阅读并理解所有的投资文件，并愿意依法承担相应投资风险。

投资者签署本风险申明书并做出如下声明：

（一）本人在此确认本人符合投资文件规定的合格投资者资格，具备相应的风险识别、风险评估和风险承受能力；并保证是以自己合法所有的资金入伙××股权投资基金合伙企业（有限合伙），未非法汇集他人资金参与××股权投资基金合伙企业（有限合伙）；

（二)本人确认对拟投资的××股权投资基金合伙企业(有限合伙)及其运作已有较深的了解和认可，同意所投资财产按照相关投资文件的规定进行投资运作；

（三）本人认可 ×× 投资有限公司担任 ×× 股权投资基金合伙企业（有限合伙）的普通合伙人，负责管理企业资产；本人认可 ×× 投资有限公司担任 ×× 股权投资基金合伙企业（有限合伙）的受托管理人，负责管理投资运作事务。本人同意承受因投资决策等而有可能引发的相应风险；

（四）本人已经认真阅读并理解所有的投资文件和其他备查文件，并同意受上述法律文件的约束，愿意依法承担相应的投资风险，并独立做出签署本风险申明书的决定。

投资者（签字或盖章）：

_____年_____月_____日

◎ 认缴出资通知函及范本

认缴出资通知函是投资者投资之前受到的来自私募股权投资机构的最后一份文件。认缴出资通知函相比其他的文件而言最为简单，信息量也是最少的，其中主要的信息是认购账户信息的填写。

案例陈述

×× 股权投资基金合伙企业（有限合伙）

缴付通知函

_____公司（或女士 / 先生）

根据《×× 股权投资基金合伙企业（有限合伙）合伙协议》中的第 3.4 条约定，贵公司（或您）应该在收到本《缴付通知书》之日起 5 日内履行合伙人出资义务，将认购的投资款一次性存入下列投资专用账户。

特此通知。

××投资有限公司

_____年_____月_____日

认购账户：_____

户　名：_____

开户行：_____

账　号：_____

认购人签名（或盖章）：

_____年_____月_____日

综上所述，私募股权基金管理人在募集的过程中，除了募集说明书之外，还有一些列的文件，包括出资意向书、出资确认书、风险声明书及出资通知函等。这些文件都与私募股权投资有着直接的关系，需要投资者引起注意。

第 5 章

明确私募股权投资公司的管理情况

之前对于不同类型的私募股权进行了简单的了解。除此之外，融资企业还需要对不同类型私募股权基金公司管理情况进行了解，这样才能够对不同类型的私募股权公司进行比较和分析，从而选择出适合自己企业的私募股权基金类型。

公司型私募股权投资企业的内部管理

在现代企业制度中最大的特点就是两权分立，实行两权分离的公司制企业都需要建立一个科学、合理及有效的公司内部治理结构。当然，公司型的私募股权投资企业也不例外。

◎ 公司型私募股权投资企业内部组织结构

公司型私募股权机构的内部管理主要是股东对经营者的一种监督和制衡机制，即通过一种制度安排来合理地配置股东与经营者之间的权利与责任关系。

这一治理结构，既要保证公司的经营者不能够违背所有股东的利益，同所有股东的利益保持一致，也要保障公司的经营者决策的科学性和有效性。

换句话说，公司内部治理主要是股东大会、监事会及董事会 3 个主体之间的分权结构和内部制衡关系，以及董事会与总经理的经营决策权与执行性权的分权结构和内部制衡关系。

股东大会是公司的权力机构；董事会是公司的常设决策机构，向股东大会负责；监事会是公司的内部监督机构，负责对公司董事、经理的行为及公司财务状况进行监督。

公司型企业的管理情况

自我管理：

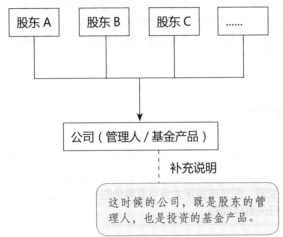

委托管理：

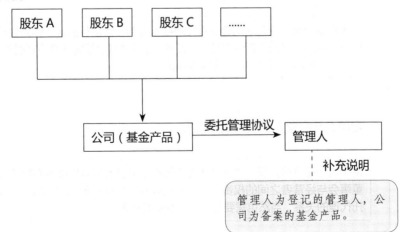

公司内部各个主体之间的关系

股东与经营者的关系

股东或者股东大会授权经营者或集体从事经营活动。为了保证两者分权明确，股东只行使所有权，而经营者行使经营权。经营者除了有权利，还必须承担经营责任，实现经营权利与义务的对等，形成权责制衡关系。关于这两个方面的规定是通过所有者与经营者的委托代理责任关系体现的，并且用契约明确规定。

股东与监事会的关系

股东或股东大会授权监事会从事监督活动，监事会有代表股东或股东大会对经营者或其经营集体行使监督的权利。监事会站在股东利益的角度对经营者的行为进行监督，股东或股东大会与监事会的关系是通过股东与监事会的委托授权责任关系体现的。

监事会与经营者的监督与被监督的关系

监事会受到股东或股东大会的委托对经营者的行为进行监督，作为公司的经营者必须要接受监事会的监督。监事会与经营者是监督与被监督的关系，两者也需要通过契约的方式来明确规定。

董事会与经营者的决策执行关系

由于执行经营的分权，董事会拥有决策权，经营者或其集体拥有执行权。董事会与经营者之间的权责也存在制约问题，这种关系可以理解为一种委托代理的关系，当然也需要在契约中明确的规定。

公司管理结构

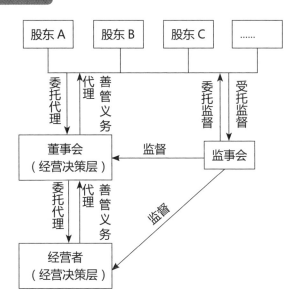

◎ 公司型私募基金税收分析

对于公司型的私募股权基金而言，税收主要从基金层面、管理人层面以及其他投资者 3 个方面进行分析。

基金层面分析

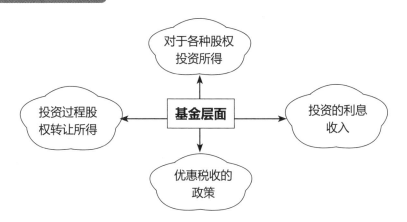

各种股权投资所得：按照《中华人民共和国企业所得税法》与《实施条例》内容，满足税法要求的居民企业直接对别的居民进行投资所得到的各种权益性投资收益，这部分不需要交纳所得税。所以，该种类型的基金从被投资公司获得的各种股权收益，不需要交纳所得税。

投资过程股权转让：公司型私募基金因转让股权而发生应税收入，根据《企业所得税法》第六条和《企业所得税实施条例》第十六条之规定，按"转让财产收入"计算企业所得税，税率为25%。

投资的利息收入：对于利息收入，征收5%的营业税（需要注意，对这部分所得征收教育附加费，城建税等），根据收入上缴25%的企业所得税。

优惠税收政策：针对创业投资企业制定了税收优惠措施，满足以下条件就可享受投资总额的70%享受抵扣该创业投资企业的应纳税所得额，当年不足抵扣的，可在以后纳税年度结转：1）采取股权投资的方式；2）投资未上市的中小高新技术企业；3）投资时间在两年以上的。

基金管理人层面分析

管理咨询收入：管理咨询收入根据管理人的类别不同而不同，公司制私募股权机构需要缴纳5%的增值税。

股息、红利分成：股息和红利的分成也会根据管理人的不同而不同，公司制私募股权机构，居民企业税后利润分配免税。

其他投资收益：对于其他投资收益所得，公司制私募股权机构规定，需要缴纳25%的企业所得税。

其他投资者层面分析

股息和红利收入

其他投资者可分为机构投资者和个人投资者，机构投资居民企业，税后利润免所得税，个人投资者交纳 20% 的个人所得税。

股权转让收益

个人投资者需要交纳 20% 的个人所得税，机构投资者需要缴纳 25% 的企业所得税。

公司制私募基金税收分析

经过各个层面的分析可以看出，公司制私募投资基金在税收方面存在着双重税收的情况。

公司私募基金机构税收存在的问题

一方面，公司制私募股权投资基金作为法人主体，需要依法缴纳企业所得税。

另一方面，投资者作为公司的股东在分红后，还需要交纳个人所得税。

有限合伙型私募股权投资企业的管理

作为国内新出现的一种组织形式——有限合伙制，要最大限度地发挥其优势，减少缺点带来的不稳定性，内部管理结构的设计显得尤为重要。在有限合伙制中，好的内部管理制度能够避免经营中信息不对称及风险不对称两个主要问题。

◎ 有限合伙型私募股权投资的组织结构管理

由于公司制私募股权基金一直存在"双重纳税"的问题，这对私募股权投资基金而言是一个比较重的负担，所以之后人们一直在不断地探索与实践，希望能够找到比较适合的模式。

在之后的发展中，人们渐渐发现有限合伙制比较适合私募股权基金的发展，所以有限合伙制渐渐成为主流的私募股权基金模式。据统计，20 世纪 80 年代后期，美国的私募股权基金已逾 3 000 家，其中 80% 以上采用的都是有限合伙制的组织形式。

有限合作型私募股权基金能够得到投资者与基金管理者的喜爱，从而得到快速的发展，其中离不开其科学的内部治理结构。

有限合伙制私募基金的管理

受托管理(内部管理):

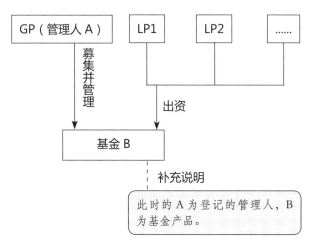

受托管理(外部管理):

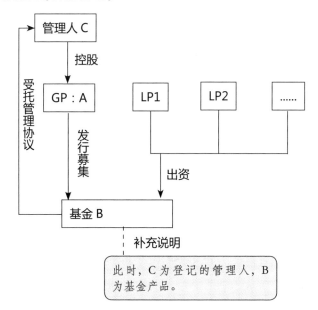

典型的有限合伙企业组织架构

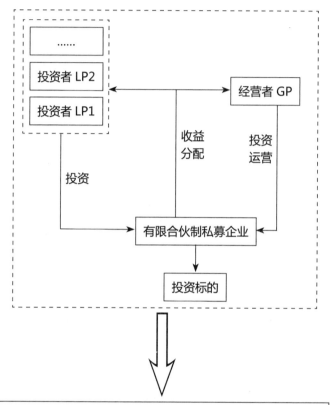

在这样的制度构架下，普通合伙人需要对合伙企业的债务承担无限连带责任，从而使企业的经营管理者的道德风险问题在一定程度上能够得以避免或者降低，同时也增加了投资人的信心。但是，普通合伙人有了充分的企业经营权，那么企业的发展情况将取决于普通合伙人的能力，而有限合伙人无法对其做出有效的监督。

◎ 设计有限合伙企业的组织架构

从典型的有限合伙企业的组织结构可以看出，典型组织架构虽然在操作上简单，但是在实际的投资过程中，显然难以满足复杂的投资

需要。尽管在私募股权投资中，有限合伙人与普通合伙人在收益上的
追求是一致的，但是有限合伙人与普通合伙人由于其所处的角度不同，
所以关注的重点也会有所区别。有限合伙人关注的是投资的风险、投
资的收益及投资的资金安全等，而普通合伙人则看中的是有限合伙人
资金的投入情况，以及投资项目情况等。所以，设计出一个能够被双
方认同的组织架构至关重要。

有限合伙企业组织架构的设计

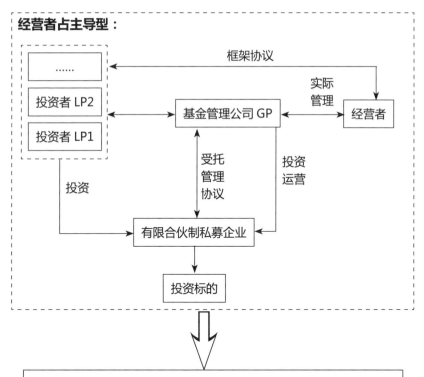

经营者占主导型：

这是一种经营者占据主导位置的企业组织构架设计，相较于典型的组织
架构来说，实际控制管理企业运营的经营者本身并不是 GP，GP 由所控
制的基金管理公司担任。这样可以使得合伙企业的投资决策更为专业，
同时经营者既使用 GP 的权利，又不直接承担 GP 的无限连带责任。但是，
这样的结构可能会降低投资者的信心。

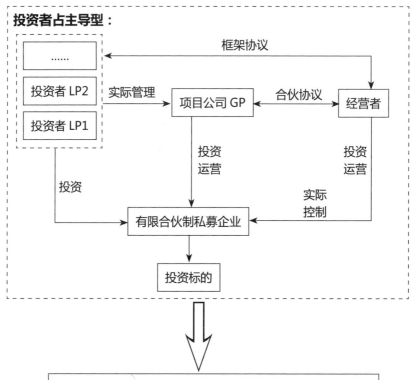

这是一种投资者占据主导位置的企业组织构架设计，投资者作为有限合伙人 LP 的同时，可将其实际管理的项目公司作为 GP 加入合伙企业参与经营管理活动，形成双 GP 的运营模式。在这样的组织结构下，投资者一方面可以拥有有限责任的法律保护，同时也可通过项目公司形成对合伙企业的经营管理与投资决策权。这样的组织结构能够消除投资者对于资金安全和决策风险的担忧，有利于投资者资金的投入。但是就经营者而言，其经营管理与决策控制权将被要求共同行使。

小贴士

除了上面介绍的经营者和投资者分别占据主导位置的组织结构，还可以设计均衡型的组织构架来平衡投资者与经营者之间的关系。例如投资者通过项目公司的加入，在事实上形成与合伙企业的共同管理与投资决策，由项目公司代替经营者成为普通合伙人，使经营者无须对合伙企业承担连带责任。

◎ 有限合伙型私募股权基金的约束机制

通过前面的分析可以知道，在公司制私募股权基金中，企业的内部管理按照两权分立的模式进行操作。对于股东或股东大会而言，主要负责出资，而对于基金的管理权与监督则是全权委托处理，这样的模式很大程度上会造成信息的不对称，使投资者很难从外部对管理层进行约束。

同时，公司内部也没有对管理层设置有效的约束机制来规范限制其行为，所以可能会出现管理者疏忽履行、执行，甚至出现损害投资者利益的行为，而有限合伙制私募股权基金则有效地避免了这一情况。

有限合伙制私募基金的约束

投资范围与方式的限制

有限合伙制会对投资的范围与投资方式进行约束，例如，约定不得对某一个项目的投资超过总认缴出资额 20%，不得进行承担无限连带责任的投资，不得为已投资的企业提供任何形式的担保，以及合伙企业的银行借款不得超过总认缴出资的 40% 等。

管理及运营成本的控制

有限合伙制私募基金中通常有两种方式：一是管理费用包括运营成本，可以有效控制运营费用的支出，做到成本的可控性；二是管理费用单独拨付，有限合伙企业运营费用由有限合伙企业作为成本列支，不计入普通合伙人的管理费用。

入伙、退出及转让的限制

在有限合伙制基金中对于有限合伙人的入伙、退出及转让都会设定一定的条件限制。例如，限定新有限合伙人应属于合格机构投资者及相应的资金要求，合伙协议要求有限合伙人保证合伙企业存续期间不得退伙，以及有限合伙人自行寻找受让方等限制条件。

有限合伙制私募基金中，普通合伙人执行合伙事务，而有限合伙人不参与有限合伙企业的运作。因此，对于普通合伙人的选择尤为重要，需要防范普通合伙人侵犯合伙企业的利益。

普通合伙人的约束

次级合伙人亏损的限制

为了满足低风险投资者的偏好，有的私募基金在亏损分担中约定由普通合伙人或具有关联关系的有限合伙人作为次级合伙人，并以其对合伙企业认缴的出资情况先承担亏损。例如，首先以次级合伙人对合伙企业认缴的出资承担亏损，其次，如次级合伙人的出资不足以承担亏损的，再由其他合伙人按照出资份额分担。

对普通合伙人的具体约束

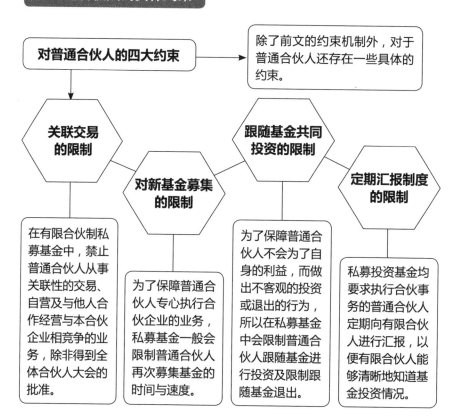

对普通合伙人的四大约束

除了前文的约束机制外，对于普通合伙人还存在一些具体的约束。

关联交易的限制

对新基金募集的限制

跟随基金共同投资的限制

定期汇报制度的限制

在有限合伙制私募基金中，禁止普通合伙人从事关联性的交易、自营及与他人合作经营与本合伙企业相竞争的业务，除非得到全体合伙人大会的批准。

为了保障普通合伙人专心执行合伙企业的业务，私募基金一般会限制普通合伙人再次募集基金的时间与速度。

为了保障普通合伙人不会为了自身的利益，而做出不客观的投资或退出的行为，所以在私募基金中会限制普通合伙人跟随基金进行投资及限制跟随基金退出。

私募投资基金均要求执行合伙事务的普通合伙人定期向有限合伙人进行汇报，以便有限合伙人能够清晰地知道基金投资情况。

◎ 有限合伙型私募股权基金的激励机制

在私募股权投资中，所有的投资都是有经验的风险投资者进行投资操作的。为了充分地调动险投资者的投资热情，常常会设置一些激励机制。在有限合伙制私募基金中，具有吸引力的激励机制能够让普通合伙人产生主人公意识，促使他们以一种"主人"姿态来管理企业。

有限合伙制私募基金激励机制内容

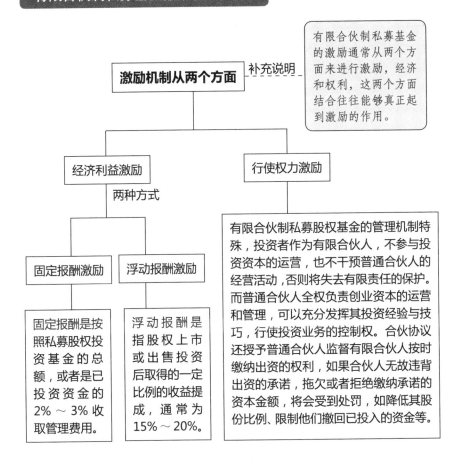

激励机制从两个方面 —— 补充说明 —— 有限合伙制私募基金的激励通常从两个方面来进行激励，经济和权利，这两个方面结合往往能够真正起到激励的作用。

经济利益激励

两种方式

行使权力激励

固定报酬激励

浮动报酬激励

固定报酬是按照私募股权投资基金的总额，或者是已投资资金的2%～3%收取管理费用。

浮动报酬是指股权上市或出售投资后取得的一定比例的收益提成，通常为15%～20%。

有限合伙制私募股权基金的管理机制特殊，投资者作为有限合伙人，不参与投资资本的运营，也不干预普通合伙人的经营活动，否则将失去有限责任的保护。而普通合伙人全权负责创业资本的运营和管理，可以充分发挥其投资经验与技巧，行使投资业务的控制权。合伙协议还授予普通合伙人监督有限合伙人按时缴纳出资的权利，如果合伙人无故违背出资的承诺，拖欠或者拒绝缴纳承诺的资本金额，将会受到处罚，如降低其股份比例、限制他们撤回已投入的资金等。

信托制私募股权投资企业的内部管理

信托是一种基于信任基础上的法律关系，信托人将信托财产交给受托人，受托人作为财产的所有人来管理财产。信托制私募股权基金正是通过这样的模式来对基金进行管理及分配收益，信托制模式的特殊性决定其内部管理的独特性。

◎ 信托制私募股权基金的运作情况

信托制私募股权投资基金一般通过投资者、受托人和基金托管机构通过信托投资契约而建立。在前面的信托制私募股权基金的设立中了解到，信托制私募股权基金中包括投资者、受托人、投资顾问及托管银行4个主体。

其中，信托公司负责信托资金的募集，信托财产的监管及风险的隔离；投资顾问负责项目投资、管理与退出变现；托管银行负责基金托管人职责，保管所托管基金的全部资产。当然，信托公司作为受托人的信托制私募股权基金组织运作模式也不是固定不变的。

信托制私募股权基金的运作

信托制私募股权基金的运作情况分析

①信托公司作为信托计划的受托人，外聘投资公司担任信托计划的投资管理人。信托公司主要负责信托资金的募集，而投资顾问则负责信托财产的管理运用和退出变现。

案例陈述

例如，湖南信托推出的"深圳达晨信托产品系列创业投资一号集合资金信托产品"，该信托产品中，湖南信托公司负责资金募集，然后交给投资管理公司进行管理，信托资金主要投资于上市公司、创新型企业或者成长型企业，从而获得高额的投资收益。

②信托公司除了担任信托计划受托人的工作之外，还承担投资管理人的任务。即信托公司除了要负责资金的募集之外，还需要负责信托资产的投资管理和退出变现。

案例陈述

例如，中信信托有限公司推出的中信锦绣一号股权投资基金信托计划，信托公司凭借自身优势，在募集信托资金后直接参与股权投资业务，充当受托人和管理人双重角色，并借此逐渐形成信托公司的专属业务和核心盈利模式。

③信托公司担任信托计划的受托人，与投资公司共同担任信托计划的投资管理人。信托公司除了负责资金募集之外，还需要负责投资管理，参与融资企业经营决策。

案例陈述

例如，深圳国投推出的"深国投铸金资本一号股权投资资金信托计划"，信托公司负责信托资金的募集及信托财产的管理运用，投资顾问主要负责投资项目筛选、管理及退出变现。

信托制私募基金的组织架构

受托管理：

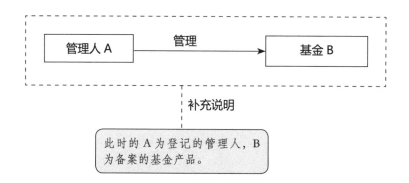

顾问管理：

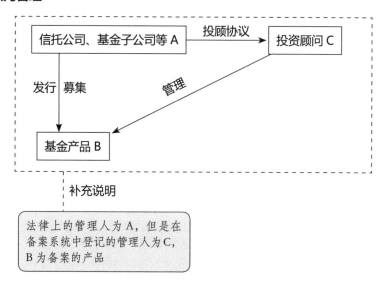

◎ 信托制私募股权基金的内部组织机构权限划分

在信托制私募股权基金中会涉及两个内部组织机构，分别是受益人大会和投资决策委员会，两个机构分别具有不同的权限，负责信托制私募股权基金中的不同事务。

信托制私募股权基金的权力机构

受益人大会

含义　资金信托计划中的信托受益人大会是保障受益人参与决策权的重要制度之一。受益人大会由全体信托基金的受益人组成，受益人大会并不对基金日常管理和项目投资进行决策。

内容　根据《信托公司集合资金信托管理办法》的规定，出现规定事项而信托计划文件未有事先约定的，应当召开受益人大会审议决定：

- ①提前终止信托合同或延长信托期限
- ②改变信托财产运用方式
- ③更换受托人
- ④提高受托人的报酬标准
- ⑤信托计划文件约定需要召开受益人大会的其他事项

权益　作为受益人的投资人可以委托他人作为代理人出席受益人大会并行使表决权，且每一信托单位具有一票表决权。受益人大会应当有代表 50% 以上信托单位的受益人参加，方可召开；大会就审议事项做出决定，应当经参加大会的受益人所持表决权的 2/3 以上通过；但更换受托人、改变信托财产运用方式、提前终止信托合同，应当经参加大会的受益人全体通过。受益人大会决定的事项，应当及时通知相关当事人，并向中国银行业监督管理委员会报告。受益人大会由受托人负责召集，受托人未按规定召集或不能召集时，代表信托单位百分之五十以上的受益人有权自行召集。

投资决策委员会

补充说明

为了使基金投资更加安全，信托制私募股权投资基金设立了投资决策委员会。

含义　投资决策委员会是私人股权投资信托的最高决策机构，通过定期或者不定期会议的形式讨论和决定投资的重要问题。

内容　投资决策委员会主要负责信托基金的项目筛选、项目评估和投资的决策权。

组成　投资决策委员会并不是信托制私募股权投资基金的法定机构，同时在实际的投资中根据基金权力机构安排的不同其组成也不同，有些以信托公司委派员为主，有的以投资顾问委派员为主，具体如何安排需要当事人通过《投资顾问合同》来约定。

受益人大会权限　　投资决策委员会权限

通过受益人大会与投资决策委会的权限职责可以知道，受益人大会并不能就涉及项目筛选和投资决策的问题行使权力，仅就涉及变更全体受益人的事件拥有表决权，而对于信托基金的日常运作则需要决策委员会行使投资管理的决策权。对于没有设立决策委员会的信托计划，信托公司也需要确定项目投资内部决策的机制。

第6章

融资企业的价值评估

对融资企业而言，在私募股权投资的过程中，最
为重要的是私募投资机构对于融资企业的价值评估。
因为好的价值评估能够为企业带来合理的资金注入，
使得企业得到发展，而不准确的估值往往也会给企业
带来无法挽回的损失。

通过会计报表了解公司财务情况

会计报表是了解融资企业财务状况的重要工具，不仅对融资企业很重要，对私募股权机构也很重要。私募股权机构在不了解企业状况的情况下，首先会对融资企业的会计报表进行查看，从而了解其财务能力。

◎ 从负债表查看企业偿债能力

负债表是企业负债能力及偿债能力的体现，企业的偿债能力以及经营情况也能够从中查看。对私募股权投资机构而言，当然更倾向于偿债能力高，经营状况良好的企业。

从负债表查看企业财务情况

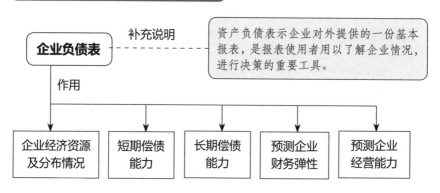

企业经济资源及分布情况　资产负债表可以查看企业拥有的能够用货币表现的经济资源，即资产的总规模及具体分布形态。由于不同形态的资产对企业的经营活动有不同的影响，所以通过对企业资产结构的分析可以对企业的资产质量做出判断。

短期偿债能力　企业的短期偿债能力主要反映在企业的资产流动性方面。流动性是资产转换成现金或负债到期偿还所需时间。根据资产负债表与流动负债表的相关内容，可以预测企业的短期偿债能力。短期偿债能力也是私募投资者十分关注企业的短期偿债能力，因为短期偿债能力越低，企业破产的可能性就越大，对于投资者而言，投资风险也就越高。

长期偿债能力　资产负债表可以反映企业的负债总额及其结构，表明企业未来需要用多少资产或劳务清偿债务，用来评价与预测企业的长期偿债能力。企业的长期偿债能力一方面取决于它的获利能力，另一方面取决于它的资本结构。

预测企业财务弹性　可以根据企业的负债表评估企业的财务弹性。企业的财务弹性是指企业应付各种挑战、适应各种变化的能力，包括进攻性适应能力和防御性能力。弹性能力强的企业不仅能从有利可图的经营中获取大量资金，而且可以借助债权人的长期资金和所有者追加的资本获利。

预测企业经营能力　报表使用者可以根据企业财务状况的变化趋势，预测分析企业未来的经营前景，从而帮助投资者做出合理的投资决策。

查看企业的偿债能力

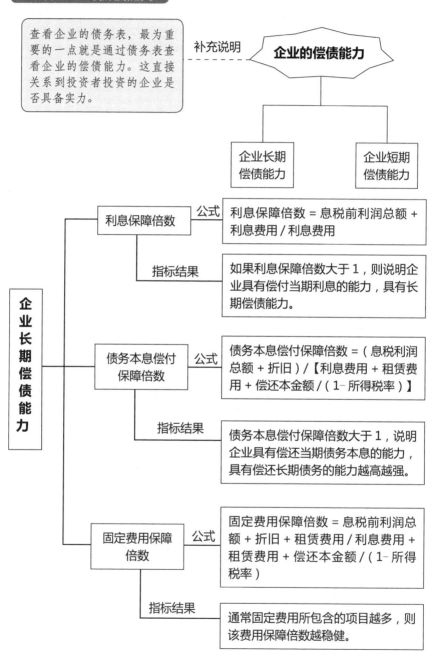

查看企业的债务表，最为重要的一点就是通过债务表查看企业的偿债能力。这直接关系到投资者投资的企业是否具备实力。

补充说明

企业的偿债能力

企业长期偿债能力

企业短期偿债能力

企业长期偿债能力

利息保障倍数

公式：利息保障倍数 = 息税前利润总额 + 利息费用 / 利息费用

指标结果：如果利息保障倍数大于 1，则说明企业具有偿付当期利息的能力，具有长期偿债能力。

债务本息偿付保障倍数

公式：债务本息偿付保障倍数 = (息税利润总额 + 折旧) / 【利息费用 + 租赁费用 + 偿还本金额 / (1- 所得税率)】

指标结果：债务本息偿付保障倍数大于 1，说明企业具有偿还当期债务本息的能力，具有偿还长期债务的能力越高越强。

固定费用保障倍数

公式：固定费用保障倍数 = 息税前利润总额 + 折旧 + 租赁费用 / 利息费用 + 租赁费用 + 偿还本金额 / (1- 所得税率)

指标结果：通常固定费用所包含的项目越多，则该费用保障倍数越稳健。

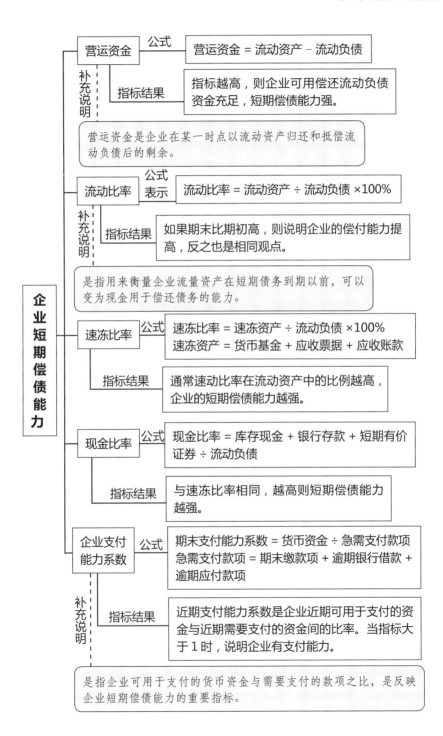

营运资金 — 公式 — 营运资金 = 流动资产 - 流动负债

指标结果 — 指标越高，则企业可用偿还流动负债资金充足，短期偿债能力强。

补充说明 — 营运资金是企业在某一时点以流动资产归还和抵偿流动负债后的剩余。

流动比率 — 公式表示 — 流动比率 = 流动资产 ÷ 流动负债 ×100%

指标结果 — 如果期末比期初高，则说明企业的偿付能力提高，反之也是相同观点。

补充说明 — 是指用来衡量企业流量资产在短期债务到期以前，可以变为现金用于偿还债务的能力。

速冻比率 — 公式 — 速冻比率 = 速冻资产 ÷ 流动负债 ×100%
速冻资产 = 货币基金 + 应收票据 + 应收账款

指标结果 — 通常速动比率在流动资产中的比例越高，企业的短期偿债能力越强。

现金比率 — 公式 — 现金比率 = 库存现金 + 银行存款 + 短期有价证券 ÷ 流动负债

指标结果 — 与速冻比率相同，越高则短期偿债能力越强。

企业支付能力系数 — 公式 — 期末支付能力系数 = 货币资金 ÷ 急需支付款项
急需支付款项 = 期末缴款项 + 逾期银行借款 + 逾期应付款项

指标结果 — 近期支付能力系数是企业近期可用于支付的资金与近期需要支付的资金间的比率。当指标大于 1 时，说明企业有支付能力。

补充说明 — 是指企业可用于支付的货币资金与需要支付的款项之比，是反映企业短期偿债能力的重要指标。

企业短期偿债能力

小贴士

在负债表中，不管是企业长期偿债能力还是企业短期偿债能力，都是通过对不同的数据指标进行综合的计算评估，从而得出企业偿债能力。

◎ 资产损益表查看企业的盈利能力

企业的损益表并不像负债表那么复杂，它的结构更加简单。换言之，就是收入减成本之后的利润，通过对利润的查看，可以清晰地知道一个企业的经营情况。

案例陈述

J公司的经营情况分析

J公司是从事零件加工的民营企业，表6-1所示为J公司2014 ～ 2016年的损益表结构分析。

表6-1　2014 ～ 2016年损益表结构（单位：百万）

指标名称	2016	结构比（%）	2015	结构比（%）	2014	结构比（%）	2016/2015变动比（%）	2015/2014变动比（%）
主营业务收入	5 054.5	100	6 817.14	100	4 468.70	100	−25.86	51.97
主营业务成本	3 997.0	79.08	4 468.99	65.56	2 790.38	62.19	−10.56	60.16
主营业务税金	12.39	0.25	31.54	0.46	19.96	0.44	−60.70	58.03
主营业务利润	1 045.1	20.68	2 316.62	33.98	1 676.36	37.36	−54.89	38.19

续表

指标名称	2016	结构比(%)	2015	结构比(%)	2014	结构比(%)	2016/2015变动比(%)	2015/2014变动比(%)
其他业务利润	30.8	0.61	9.93	0.15	−13.98	−0.31	210.59	−171.05
营业费用	731.5	14.47	973.87	14.29	620.68	13.83	−24.89	56.91
管理费用	336.13	6.65	523.75	7.68	314.74	7.01	−35.82	66.41
财务费用	12.13	0.24	8.4	0.12	20.6	0.46	44.47	−59.23
营业利润	−3.81	−0.08	820.53	12.04	706.37	15.74	−100.46	16.16
补贴收入	22.51	0.45	1.11	0.02	0	0	1 992.3	NA
营业外的损益	−2.89	−0.06	−15.47	−0.23	−20.25	−0.45	−81.3	−23.32
利润总额	15.64	0.31	807.46	11.84	686.62	15.3	−98.06	17.60
所得税	2.15	0.04	149.0	2.19	79.68	1.78	−98.56	87.01
净利润	15.85	0.31	614.25	9.01	606.94	13.53	97.42	1.2

根据 J 公司的损益表可以看到，该公司的主营业成本一直占主营业收入的大部分，并且随着企业的发展，所占的比例随着物价增长而呈现递增，利润也随之下降。同时，该企业的主营业务收入也并没有明显的大幅度提升。2014 年主营业分成本占主营业收入 62.4%，2015 年主营业务成本占主营收入的 65.6%，而到了 2016 年主营业务成本占主营收入的 79%。

在这样的情况之下，企业的毛利润却呈现大幅下降的趋势。2014年企业的毛利润为37.5%，2015年企业的毛利润为34.0%，2016年企业的毛利润为20.7%。而20.7%的毛利润收益，意味着企业并没有取得很好的收益，因为通常企业所得税为25%，而高新技术企业的所得税也为15%或20%。

在2016年的期间，营业费用、管理费用和财务费用占全部收入的比重超过21%。由于费用过高，所以2016年企业亏损了300多万元。因为2016年补贴比例较高，所以最终的净利润为正。

2014年与2015年的收入情况相比较，整体也呈现出了不匹配增长，收入增长缓慢，费用增加较高。在损益表中唯一比较突出的是补贴收入，而这笔收入来源于当地政府对本土企业的补贴，才使得J公司免于亏损。

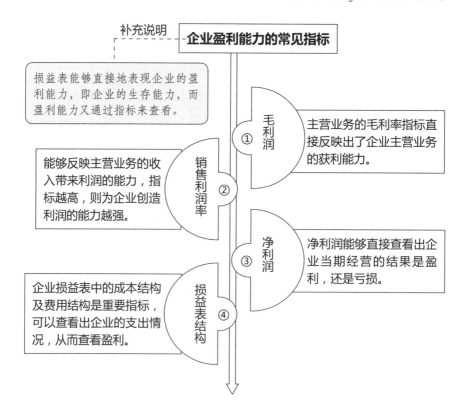

补充说明 ----- **企业盈利能力的常见指标**

损益表能够直接地表现企业的盈利能力，即企业的生存能力，而盈利能力又通过指标来查看。

① 毛利润 —— 主营业务的毛利率指标直接反映出了企业主营业务的获利能力。

② 销售利润率 —— 能够反映主营业务的收入带来利润的能力，指标越高，则为企业创造利润的能力越强。

③ 净利润 —— 净利润能够直接查看出企业当期经营的结果是盈利，还是亏损。

④ 损益表结构 —— 企业损益表中的成本结构及费用结构是重要指标，可以查看出企业的支出情况，从而查看盈利。

◎ 现金流量表查看企业能力

对企业而言，企业的现金流转情况至关重要，直接影响着企业的发展和生存，也是企业持续经营的保障。而通过对现金流量表的查看，可以清楚地看到企业的经营状况是否良好，财务情况是否健康。

结合企业情况分析现金流量构成

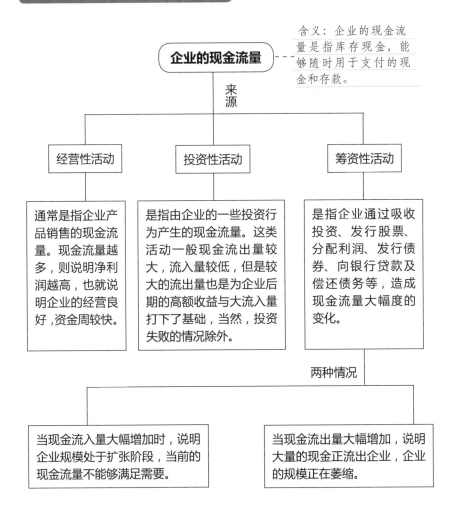

企业的现金流量

含义：企业的现金流量是指库存现金，能够随时用于支付的现金和存款。

来源

经营性活动

通常是指企业产品销售的现金流量。现金流量越多，则说明净利润越高，也就说明企业的经营良好，资金周较快。

投资性活动

是指由企业的一些投资行为产生的现金流量。这类活动一般现金流出量较大，流入量较低，但是较大的流出量也是为企业后期的高额收益与大流入量打下了基础，当然，投资失败的情况除外。

筹资性活动

是指企业通过吸收投资、发行股票、分配利润、发行债券、向银行贷款及偿还债务等，造成现金流量大幅度的变化。

两种情况

当现金流入量大幅增加时，说明企业规模处于扩张阶段，当前的现金流量不能够满足需要。

当现金流出量大幅增加，说明大量的现金正流出企业，企业的规模正在萎缩。

小贴士

企业的现金流量结构对企业而言非常重要，因为同样的现金流量，在经营性活动、投资性活动及筹资型活动中所占的比例不相同，所以企业的财务状况也完全不同。一般而言，经营性活动现金流入量和现金流出量占比重比较大的企业，其经营状况良好，财务风险较低。同时，企业的现金流量结构也比较合理。

通过现金流量表查看企业综合能力

既然经营性活动的现金流量可以查看企业的销售能力，那么企业经营性现金流量如果长期处于稳定增长，那就可以看出企业未来的盈利能力较强。

企业未来的成长潜力主要在于企业现金再投资比率，也就是企业通过投资性活动产生的现金流量比率。如果该指标较高，则说明企业可用于再投资项目的现金多，也间接说明企业用于壮大扩展的资金多，具有成长潜力。

可以将企业的资产负债表及经营性现金流量进行综合分析。引入现金偿债比率，为经营性现金净流量除以长期债总额。从而反映出当前经营活动提供的现金偿还长期债务的能力，通常比例高，则说明企业的长期偿债能力较强。

投资人通过现金流量表来查看企业各方面的能力，这不是仅仅只对单一的现金流表进行分析，而是常常结合资产负债表及资产损益表，这样得到的结论才更准确。

另外，有的人对于企业的现金流量表存在狭隘的理解，认为现金流量表可以查看企业的现金情况，从而分析企业的财务风险。其实，它的作用远不止于此。

通过现金流量，预测企业风险

预测企业多方面的风险

根据企业不同性质的现金流量的增减变化，可以查看出企业潜藏着的风险因素。再根据现金流量表所提供的信息特征，通过现金流量查看企业的财务状况变动。

投资风险

在投资性活动的现金流量中，可以查看企业的投资活动。好的投资可以使得企业获得高收益，但错误的投资也可能使得企业亏损严重。所以投资项目的可行性评估就尤为重要，可以结合动态和静态方法来查看项目可行性。

资信风险

通常企业筹资活动产生的现金流量越大，说明企业的偿债压力也就越大。如果现金流入量小于现金流出量，现金流量为负，那么企业就面临不能够及时偿债的风险。而企业偿债能力的弱化，会影响企业在银行的资信，从而影响企业在银行的贷款。

资金周转风险

企业的现金流量大小，在很大程度上决定着企业资金周转的能力，从而决定企业的生存和发展。如果一个企业的盈利能力很强，但是资金周转很弱，也难有发展，甚至在企业的生存方面都面临着危机。可以通过资金回笼率、现金流量偏离标准率及现金购销率来分析。

估值方法及其选择策略

在私募股权投资中，"估值"是很重要的一个环节。对被投资的企业而言，高的估值能够使得自己在投资中占据有利位置，也对之后企业的发展大有益处；对投资者而言，过高的估值会增加投资资本。那么，具体应该如何做才能两全其美呢？

◎ 企业的价值评估方法运用

在前文私募股权投资流程介绍中对常见的几种估值方法进行了介绍，在投资机构对目标企业的企业价值进行评估时，会根据不同的情况选择不同的估值方式。

企业价值是每一个被投资企业与投资机构都共同关注的重点，而企业的价值包含 3 个方面，分别是账面价值、公允价值及交易价格，其计算公式如下所示。

资本市场企业价值 = 股票数量 × 价格

而私募股权投资的估值就是对该公式的利用计算，从而得出投资企业的价值。

企业价值评估程序

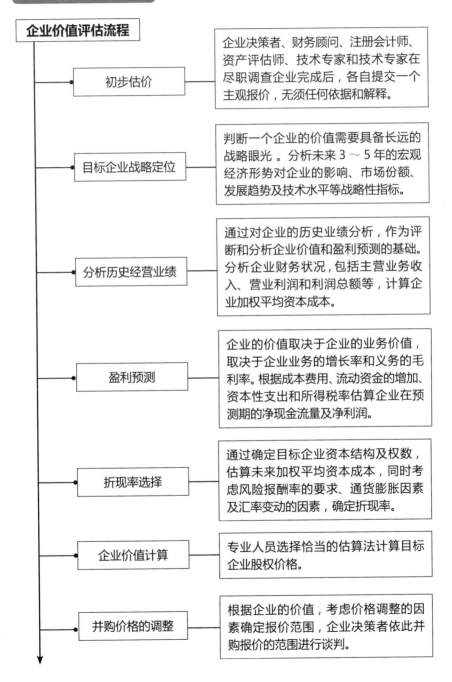

企业价值评估流程

初步估价 — 企业决策者、财务顾问、注册会计师、资产评估师、技术专家和技术专家在尽职调查企业完成后，各自提交一个主观报价，无须任何依据和解释。

目标企业战略定位 — 判断一个企业的价值需要具备长远的战略眼光。分析未来 3～5 年的宏观经济形势对企业的影响、市场份额、发展趋势及技术水平等战略性指标。

分析历史经营业绩 — 通过对企业的历史业绩分析，作为评断和分析企业价值和盈利预测的基础。分析企业财务状况，包括主营业务收入、营业利润和利润总额等，计算企业加权平均资本成本。

盈利预测 — 企业的价值取决于企业的业务价值，取决于企业业务的增长率和义务的毛利率。根据成本费用、流动资金的增加、资本性支出和所得税率估算企业在预测期的净现金流量及净利润。

折现率选择 — 通过确定目标企业资本结构及权数，估算未来加权平均资本成本，同时考虑风险报酬率的要求、通货膨胀因素及汇率变动的因素，确定折现率。

企业价值计算 — 专业人员选择恰当的估算法计算目标企业股权价格。

并购价格的调整 — 根据企业的价值，考虑价格调整的因素确定报价范围，企业决策者依此并购报价的范围进行谈判。

在前文介绍了市盈率估值法和市净率估值法等几种常见的估值方法。通过估值的途径不同，可以将企业估值的方法进行分类。

估值法的分类

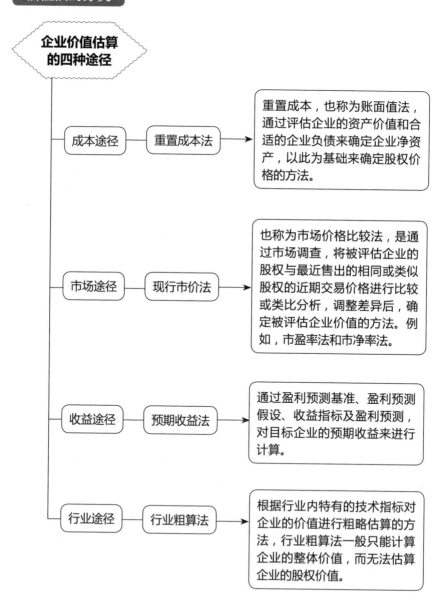

企业价值估算的四种途径

成本途径 —— 重置成本法 → 重置成本，也称为账面值法，通过评估企业的资产价值和合适的企业负债来确定企业净资产，以此为基础来确定股权价格的方法。

市场途径 —— 现行市价法 → 也称为市场价格比较法，是通过市场调查，将被评估企业的股权与最近售出的相同或类似股权的近期交易价格进行比较或类比分析，调整差异后，确定被评估企业价值的方法。例如，市盈率法和市净率法。

收益途径 —— 预期收益法 → 通过盈利预测基准、盈利预测假设、收益指标及盈利预测，对目标企业的预期收益来进行计算。

行业途径 —— 行业粗算法 → 根据行业内特有的技术指标对企业的价值进行粗略估算的方法，行业粗算法一般只能计算企业的整体价值，而无法估算企业的股权价值。

不同的估算方法，会得到不同的估算结果。所以在选择估算方法时，要结合目标企业所在行业的特性、产品特点及业务方向等进行综合考虑，选择适合的估值方法。下面以一个具体的实例来理解不同的估值方法的区别。

案例陈述

成都 ×× 建设水泥有限公司在 2012 年 12 月成立。该公司由成都 A 公司和 B 水泥公司共同投资，成都 A 公司拥有 52.55 的股权，B 水泥拥有 47.5% 的股权，成都 A 公司负责经营和管理。

成都 ×× 建设水泥公司在 2014 年 9 月建成投产，拥有一条日产熟料 1 万吨的生产线，熟料年产能 310 万吨，年磨粉能力为 150 万吨。

2014 年度，成都 ×× 建设公司总的销售收入为 6 620 万元，亏损 210 万元，2015 年度销售收入为 55 290 万元，净利润为 2 120 万元；2016 年 1 月至 4 月实现销售收入 22 200 万元，净利润为 1 650 万元。

截至 2016 年 4 月 30 日，成都 ×× 建设水泥公司资产总额 11 亿元，负债为 7.2 亿元，净资产为 3.8 亿元。此时，成都 ×× 公司提出股权报价为 14.8 亿元，其中包括 B 水泥公司支付债务 3.58 亿元，实际股权报价为 11.22 亿元。

此时，股权价格的估算

利用不同的方法途径对其进行估算，包括重置成本法、行业粗算法、收益法及现行市价法。

重置成本法

用法：在评估资产时，按照被评估资产的现时完全重置成本减去应扣损耗或贬值来确定被评估资产价格。

公式表达：股权价格 = 净资产 = 评估后资产价值 – 净负债

案例计算：

企业价值：为资产总额价值 11 亿元
企业负债：7.2 亿元
企业净资产：11–7.2=3.8 亿元
考虑股东投入资本 3.5 亿元的回报，按照 6%、12%、15% 的年化收益率计算，3 年半的资金成本分别为：0.7 亿元、1.5 亿元、1.8 亿元。
股权价格 =3.8 +（0.7、1.5、1.8）=4.5、5.3、5.6（亿元）

行业粗算法

含义：行业粗算比较简单，行业数据简单地进行估算。

案例估算：

平均每段熟料产能的投资额在 300 ～ 450 元之间
总投资额为：310 万吨 ×350 元（或 400 元）=108 500 万元（或 124 000 万元）
那么，企业的价值为：10.85 亿元～ 12.4 亿元
股权价格为：10.85（或 12.4）–7.2=3.68（或 5.2）（亿元）

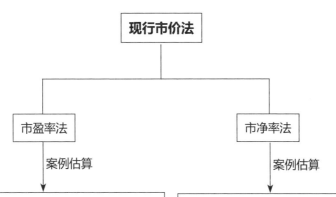

现行市价法

市盈率法 ——案例估算——

2016 年 1 ～ 4 月盈利 1 650 万元，预测 2016 年全年盈利 1 650×3=4 980 万元。
假设全年盈利 5 000 万元，每股盈利 0.13 元。2012 年至 2016 年成都 ××A 股 5 年的平均市盈率为 19.3 倍，2016 年 A 股的市盈率为 12.9 倍
股权价格：
19.3×0.13×3.8 ≈ 9.5（亿元）
12.9×0.13×3.8 ≈ 6.4（亿元）

市净率法 ——案例估算——

2012 年成都 ××A 5 年的平均市盈率为 2.4 倍，2016 年的市净率为 2.5 倍。
股权价值：
2.4×3.8 ≈ 9.1（亿元）
2.5×3.8 ≈ 9.5（亿元）

收益现值法

用法 —— 通过估算被评估企业的未来预期收益并折算成现值，借以确定被评估资产价值的一种资产评估方法。

公式表达 —— 资产的重估价值 = 该企业预期各年收益折成现值之和

案例估算

将成都 ×× 建设的不同时期的收益进行预估计算，得到现值，具体如表 6-2 所示。

表 6-2　成都 ×× 建设水泥公司预期收益

年度	盈利预测（%）	6%	现值（亿元）	15%	现值（亿元）
2017 年	0.5	0.943 4	0.471 7	0.869 6	0.434 8
2018 年	0.6	0.890 0	0.534 0	0.756 1	0.453 7
2019 年	0.7	0.839 6	0.587 7	0.657 5	0.460 3
2020 年	0.8	0.792 1	0.633 7	0.571 8	0.457 5
2021 年	0.8	0.747 3	0.597 8	0.497 2	0.397 8
2022 年	0.8	0.705	0.564 0	0.410 4	0.328 3
2023 年	0.8	0.665 1	0.532 1	0.353 8	0.283 0
2024 年	0.8	0.627 4	0.501 9	0.305 0	0.244 0
2025 年	0.8	0.591 9	0.473 5	0.263 0	0.210 4
2026 年		0.558 4	0.446 7	0.226 7	0.181 4
5 年			2.83		2.20
10 年			5.34		3.45

因此，按照 6% 的折现率计算 5 年回收期价值约为 2.8 亿元，10 年期回收约为 5.3 亿元；按照 15% 的折现率计算 5 年回收期价值约为 2.2 亿元，10 年回收约为 3.5 亿元。

通过实际的案例估算可以看到，在同一家企业中，运用不同的估值方法进行估值，得到的结果大不相同，彼此间存在的差异较大。所以，更需要选择适合的估值方法。

◎ 明确企业价值评估的要点

企业价值不管是对目标企业，还是对投资者而言，其重要意义都不言而喻。那么，想要仔细查看一个企业的价值，需要查看些什么呢？

企业价值的构成

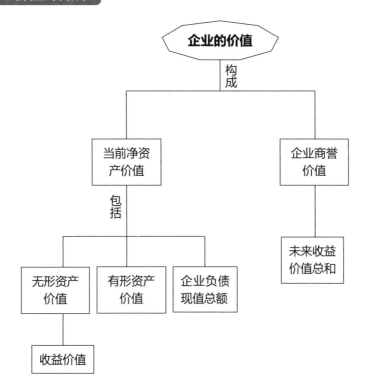

一个企业的价值可以通过两种不同的途径获得评估值：一是对组成企业的各单项资产价值分别进行评估，在此基础上汇总单向资产的评估价值，从而形成企业价值。

二是把目标企业作为一个独立的整体，根据企业的获利能力、资产使用效果及市场条件等因素确定企业的评估价值。

企业价值评估是一种整体性评估，与单项资产评估汇总确定企业评估价值是有区别的，主要表现在以下 3 个方面。

第一点 两种评估途径所确定的评估价值的含义是不相同的。利用单向资产评估，是一种静态的反映方法；而将企业整体作为评估对象，是一种动态的反映方法。

两种评估所确定的评估价值一般是不相等的。企业的价值不仅反映资产的重置成本，而且必须包括组织成本，即企业价值 = 资产重置成本 + 组织成本。 **第二点**

第三点 两种评估所反映的评估目的是不相同的。如果企业的资产收益与行业平均资产收益率相同，则单项资产评估汇总确定的企业资产评估值应与整体资产评估值趋于一致；如果企业资产收益率低于行业平均资产收益率，单项资产评估汇总确定的资产估值就会比整体高；如果企业资产收益率高于社会（或行业）平均收益率，整体企业评估值则会高于单项企业评估汇总的价值，超过的部分则是企业商誉的价值。

企业价值评估考虑的因素

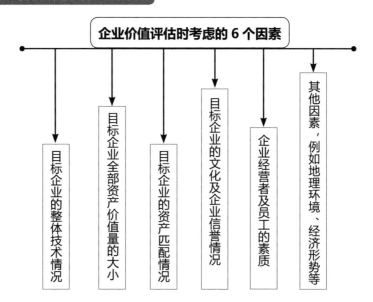

企业价值评估时考虑的 6 个因素

- 目标企业的整体技术情况
- 目标企业全部资产价值量的大小
- 目标企业的资产匹配情况
- 目标企业的文化及企业信誉情况
- 企业经营者及员工的素质
- 其他因素，例如地理环境、经济形势等

企业价值评估的范围

含义：一般范围即企业的资产范围。从产权的角度界定，企业价值评估的范围应该是企业的全部资产。包括企业产权主体自身占用及经营的部分，企业产权主体所能控制的部分，如全资子公司、控股子公司，以及非控股公司中的投资部分

企业价值范围包括

企业价值评估的一般范围

企业价值评估的具体范围（有效范围资产）

界定企业价值具体范围时注意

两点

注意"待定产权"

在企业价值评估的过程中，对于一时难以界定的产权，或因产权纠纷暂时难以得出结论的资产，应该划为"待定产权"，暂时不列入企业评估的范围之内。

注意"产权重组"

在产权界定范围内，如果目标企业中明显存在着生产能力限制或者浪费的情况，以及某些局部资产的功能与整个企业的总体功能不一致，并且可以分离，按照效用原则，应提醒委托方进行企业资产重组。
另外，资产重组是形成和界定企业价值评估具体范围的重要途径。

补充说明

资产重组对企业价值评估的影响主要有以下几种情况：
(1) 资产的范围变化；
(2) 资产的负债结构变化；
(3) 企业的收益水平变化。

私募股权投资中的估值调整机制

　　估值调整机制俗称"估值调整协议"，是私募股权投资中一种比较常见的合约安排方式。私募股权投资者与被投资企业约定，如果目标企业在约定的时限内未实现约定的经营业绩，则相应地增加私募股权投资者在目标企业中的股权比例；如果企业在约定的时限内实现了约定经营业绩，则相应减少私募股权投资者在目标企业中的股权比例。

◎ 怎么看待"估值调整"

　　企业大规模股权融资时，无论是融资方，还是投资方，都需要对目标企业进行股权估值。从融资方的角度来看，希望企业价值能够被高估，以便能够用较少的股权换取更多的投资；从投资方的角度来看，希望企业价值能够被低估，实现低买高卖，以较少的资金获得更多的权益，并在退出时卖出高价。

　　由于投资方在未来以何种方式、何种价格退出存在不确定性，所以投资者开始考虑采取策略来保护其投资价值，而估值调整就是投资采取的策略之一。

估值调整的内容

含义：估值调整协议是投融资双方因对融资企业估值不确定而产生的一种调整机制，是根据企业未来的实际经营情况对当前企业估值及投资价格所进行的调整或修改。

估值调整协议构成的三要素

主体要素

内容要素

客体要素

是指承担估值调整权利义务的合同主体，可分为投资方与融资方。投资方一般是具有融资能力的私募股权投资基金，融资方合同主体一般有两种表现形式，一种是融资企业的全部股东，另一种是融资公司的控股股东或实际控制人。

内容要素主要由3部分构成：一是企业估值，是指投、融资方对企业经营状况进行评估后确定的暂时价值；二是承诺目标，是指投、融资双方在投资之前共同估算、设立的期限内企业未来价值的指标；三是权益调整条款，表现为根据约定承诺目标的完成情况进行相应的权益调整。

通过人为估值调整协定双方当事人权利义务指向的对象，包括股权、期权认购权、投资额及至董事会主席等。在具体投资中，以股权最为常见。

估值调整的方式

在实际的私募股权投资中，业绩补偿期限一般为 3 年，对于标的资产作价较账面价值溢价过高的，视情况延长业绩补偿期限。在补偿主体方面，根据利益享有的估值溢价的原因，由交易双方自行协商。

◎ 现金补偿估值调整

在估值调整方式中，现金补偿估值调整是一种基础的调整方式，双方以约定现金额度的形式进行补偿。

现金补偿调整

案例陈述

甘肃××××有限公司（以下简称"甘肃××"），苏州工业园区 B 投资有限公司（以下简称 B 投资）、香港 A 有限公司（以下简称香港 A）、陆先生（甘肃 A、香港 A 的总经理）与 2007 年签订《甘肃中兴 C 有限公司增资协议》，协议中约定 A 投资对甘肃 A 增资 2 000 万元人民币，其中第七条第 2 项中明确约定甘肃 A 2008 年净利润不得低于 3 000 万元人民币。若未达到，B 投资有权要求甘肃 A 补偿，如果甘肃 A 未能补偿，则由香港 A 履行补偿义务。

后因甘肃 A 未达到约定利润，B 投资起诉至法院请求判令甘肃 A、香港 A 和陆先生向其支付补偿款 1 998.209 5 万元。本案前后经历三审，历时 3 年，由最高人民法院在 20×× 年 11 月作出最终判决：由香港 A 向 B 投资支付协议补偿款，驳回其他诉请。

B 投资与甘肃 A 案采用了现金形式进行估值调整。法院根据估值调整条款订立的主体对其法律效力进行了区分，认为 B 投资与甘肃 A 之间的补偿约定因为违反《中华人民共和国公司法》第二十条第一款及《中外合资企业法》第八条的强制性规定，合同无效。

但同时认为，B 投资与被投资企业甘肃 A 的股东香港 A 公司之间约定的补偿承诺为公司股东之间对于自身权利义务的创设，该承诺并不会影响到被投资公司及其外在债权人的实际利益，承诺为双方真实意思表示的体现，约定有效，所以 B 公司有权要求香港 A 公司履行约定的义务，对其进行赔偿。

基于 B 投资案的裁判结果，可以看到在实际的估值调整当中，以现金补偿方式进行调整估值的，存在着一些问题。

现金补偿调整注意的问题

如果投融双方约定了现金补偿的条款，有可能会被司法机关认定为表面以投资协议之名，实际上行借贷之实，从而被认定为无效。

根据最高人民法院在判决书中的表述，依据现金补偿承诺对象的不同而导致其法律效力的不同。即如果现金补偿是由融资企业的控股股东做出的承诺，则其并不会直接损害中小股东的合法权益，应当认定为有效，而如果现金补偿条款是直接发生于融资企业与投资方之间，一旦出现不利情况后，其会直接侵害公司或公司债权人的权益，这样的"估值调整协议"是法律不允许存在的。

◎ 股权补偿调整方案

股权补偿在估值调整方式中运用比较广泛，往往也是企业期权重组的重要契机，所以，不论是对企业，还是对私募股权而言，补偿调整方案都具有重要的意义。

股权补偿调整方式

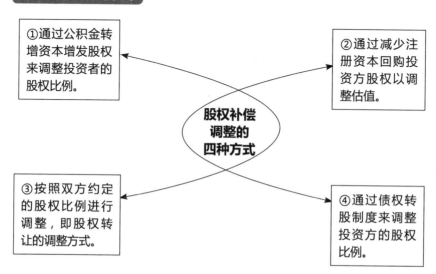

①通过公积金转增资本增发股权来调整投资者的股权比例。

②通过减少注册资本回购投资方股权以调整估值。

股权补偿调整的四种方式

③按照双方约定的股权比例进行调整，即股权转让的调整方式。

④通过债权转股制度来调整投资方的股权比例。

公积金转增资本

我国《公司法》规定，公司的公积金由法定公积金、任意公积金和资本公积金组成。其中，法定公积金与任意公积金均来源于公司当年税后利润，资本公积金则来源于溢价发行股份和国务院财政部门规定列入资本公积金的其他收入。公司的公积金用于弥补亏损、扩大公司生产经营或转增公司资本。但是，资本公积金不得用于弥补亏损，法定公积金转为资本时，所留存的该项公积金不得少于转增前公司注册资本的 25%。

减少注册资本回购投资方股权

我国《公司法》没有规定股权或股份可赎回，公司取得自己的股权或股份也仅限于法律规定的情形。不过，我国《公司法》允许公司经过特定的程序减少注册资本，由于减资不仅可以降低股东股权比例，还可以合法地向股东返还投资金额，所以具有与赎回和回购股份类似的经济效果。故通过向特定股东减资（"定向减资"）的方式，可以在一定程度上为估值调整所用。

按照约定股权比例调整

此方式为目前我国司法实践中被普遍支持和认可的一种模式，以股东间各自持有被投资公司股权的变化为估值调整结果。协议内容往往是如果融资方实现了预定的财务目标，投资方将减让特定数量的股权给融资企业的股东；如果融资方没有实现目标，则投资方可以从融资企业的股东处以较低的代价甚至是无偿获取特定数量的股权。

债权转股权制度调整

根据国家工商行政管理总局在 2011 年 11 月 23 日发布的第五十七号令《公司债权转股权登记管理办法》（以下简称《管理办法》）第二条的规定，我国的债权转股权制度是指债权人以其依法享有的对我国境内设立的股份有限公司或有限责任公司的债权，转为公司股权，增加公司注册资本的行为。

案例陈述

新 × 邦收购海 × 福100%股权

（一）交易方案：

海 × 福公司拟以发行股份及支付现金的方式购买王某等 6 名海 × 福股东合计持有的海 × 福100% 股权，并募集配套资金。其中，本次交易的总对价确定为 68 400 万元。考虑交易对价的形式不同导致未来承担的业绩承诺责任和补偿风险不同，本次交易 60% 股权以现金支付，对价为 3.42 亿元；40% 股权以发行股份支付，对价为 3.42 亿元。交易对方内部协商后，同意王某持有的海 × 福 30% 股权参照现金形式交易、10% 股权参照股份形式交易，其余股东将各自持有股份按照 1：1 参照现金形式交易和股份形式交易。

（二）股份锁定

本次交易中，王某等 6 名自然人承诺通过本次交易取得的上市公司发行股份的锁定期安排如下：在本次股份发行结束之日起至 36 个月届满之日，以及盈利补偿义务履行完毕之日较晚者不转让本次以资产认购的发行人向其发行的股份。

（三）业绩承诺与业绩补偿

交易对方对新 × 邦的利润补偿期间为 2014 年、2015 年、2016 年和 2017 年。交易对方预测，标的资产 2014 年、2015 年、2016 年和 2017 年扣除非经常性损益后归属于母公司的净利润分别为不低于 5 600 万元、6 000 万元、6 800 万元和 7 600 万元。

交易对方承诺，标的资产 2014 年、2015 年或 2016 年任意一年扣除非经常性损益后归属于母公司的年度净利润不低于 4 000 万元，2014 年、2015 年、2016 年、2017 年累计扣除非经常性损益后归属于母公司的净利润不低 26 000 万元，2015 年、2016 年、2017 年经审计累计实现的经营性净现金流不低 12 000 万元。

利润补偿期间，依照下述方法计算当年应予补偿的股份数量：

1、如标的资产 2014 年、2015 年和 2016 年任意一年扣除非经常性损益后归属于母公司的年度净利润低于 4 000 万元，交易对方在该年度补偿的股份数量 =（6 000 万元 - 该年度扣除非经常性损益后归属于母公司的净利润）/ 6 000 万元 ×（新 × 邦为本次交易支付给交易对方的股份数 ÷3）。

2、如标的资产 2014 年、2015 年、2016 年和 2017 年累计实现的扣除非经常性损益后归属于母公司的净利润低于 26 000 万元或 2015 年、2016 年和 2017 年经审计累计实现的经营性净现金流低于 12 000 万元，则交易对方补偿的股份数量为根据净利润指标计算的补偿股份数量和根据经营性净现金流指标计算的补偿股份数量孰高者。

根据净利润指标计算的补偿股份数量 =［26 000 万元 -（2014 年、2015 年、2016 年和 2017 年累计净利润）］÷20 000 万元 × 新 × 邦为本次交易支付给交易对方的股份数 -2014 年交易对方已经补偿的股份数 -2015 年交易对方已经补偿的股份数 -2016 年交易对方已经补偿的股份数。

根据经营性净现金流指标计算的补偿股份数量 =［12 000 万元 -（2015 年、2016 年和 2017 年经审计累计实现的经营性净现金流）］÷12 000 万元 × 新 × 邦为本次交易支付给交易对方的股份数 -2015 年交易对方已经补偿的股份数 -2016 年交易对方已经补偿的股份数。

（四）业绩奖励

若海 × 福在利润补偿期满后，利润补偿期间 4 年累计实际完成的扣除非经常性损益后归母的净利润超过 26 000 万元，则新 × 邦将对利润补偿期间在海 × 福任职的管理层人员和员工进行现金奖励，奖励金额相当于前述累计超额利润部分的 30%。

实例中的业绩补偿是一个完整的，全部以股权作为业绩补偿的案例。收购案中对于业绩承诺和业绩补偿进行了明文规定，以及对业绩补偿的计算进行了详细的说明。所以，本次交易于 20×× 年 4 月 17日获得证监会审核通过。

◎ "现金 + 股份"的补偿

"现金 + 股份"的补偿方式，是现金补偿与股份补偿相结合的方法。在融资方案的估值调整协议中，除了有现金补偿方案，也有股份补偿方案。其中会出现 3 种情形：一是现金补偿优先；二是股份补偿优先；三是同时以"现金 + 股份"补偿。下面介绍具体的"现金 + 股份"补偿的实例。

案例陈述

久 × 软件并购亿 × 联科技 100% 股权

（一）交易方案

公司拟向王某、李某以支付现金及发行股份相结合的方式购买其合计持有的亿 × 联科技 100% 的股权，交易作价 48 000 万元。其中，以现金方式支付亿 × 联科技交易对价的 20%，总计 9 600 万元；以发行股份的方式支付亿 × 联科技交易对价的 80%，总计 38 400 万元。同时，公司发行股份募集配套资金 13 800 万元。

（二）业绩承诺及业绩补偿

经交易双方协商，交易对方对亿 × 联科技 2014 年度、2015 年度、2016 年度及 2017 年度实现的净利润做出承诺分别为：3 700 万元、

5 000 万元、6 750 万元和 8 430 万元。

若亿 × 联科技在承诺期任何一个年度未能实现净利润承诺数额，则交易对方以上市公司股份及现金对上市公司进行补偿，交易对方首先进行股份补偿，股份不足的部分用现金补偿。当然，交易对方向上市公司支付的补偿总额不超过 48 000 万元。

交易对方向上市公司支付的补偿总额 ＝ 已补偿的股份数量（不含上市公司实施送股、资本公积转增股本、分红派息等事项而相应产生的新增股份或利益）× 上市公司向交易对方发行股份价格 ＋ 已补偿的现金。

交易对方就交易协议项下的补偿义务按照 57 ∶ 43（王某 ∶ 李某）的比例各自承担其应承担的责任份额。

（1）股份补偿

业绩承诺期内每年度末，亿 × 联科技实际净利润数未达到净利润承诺数额，其差额部分交易对方以其持有的上市公司股份对进行补偿。具体补偿计算公式如下：

当年应补偿的股份数量 ＝（截至当年期末累计承诺净利润 － 截至当年期末累计实现净利润）/ 补偿期限承诺净利润总和 ×（标的资产作价总额 ÷ 上市公司向交易对方发行股份价格）－ 已补偿股份数量 －（已补偿的现金 ÷ 向交易对方发行股份价格）

（2）现金补偿

业绩承诺期内，任何年度按照上述计算的结果，交易对方应补偿的股份数量超过交易对方所持有的上市公司股份的总量（不含上市公司实施送股、资本公积转增股本、分红派息等事项而相应产生的新增股份或利益），则差额部分，交易对方应以现金补偿上市公司，具体计算公式如下：应补偿的现金 ＝（当年应补偿股份数量 － 当年已补偿股份数量）× 上市公司向交易对方发行股份价格。

（三）业绩奖励

如亿×联科技早业绩承诺期累计净利润承诺数，且每年的经营性现金流净额不为负，且截至 2017 年 12 月 31 日，经审计的亿×联科技合并报表范围内的应收账款净额占 2017 年营业收入比例在 15% 以下（含本数），则上市公司同意亿×联科技将在业绩承诺期满后 6 个月内按照如下方式向交易对方支付现金奖励：

王某及李某获得的现金奖励数 =（业绩承诺期累计实现净利润 － 累计净利润承诺数）×30%

交易对方取得的现金奖励数不得超过亿×联科技 2017 年经营活动产生的现金流量净额。

"估值调整协议"

"估值调整协议"如今仍然存在很大的争议，常常伴随着非常负面的形象,甚至给人一种 PE 都是资本家、"吸血鬼"的形象。实际上并不是，所有的"估值调整协议"都基于"业绩"两个字，而所有的 PE，也要对其 LP 负责。很多企业在引进 PE 时，往往夸大其业绩和前景，所以为了规范这种情况，定下"估值调整协议"。

补充说明

在"估值调整协议"中，除了业绩承诺和补偿之外，常常伴有业绩奖励。由此可见，"估值调整协议"只是一个规则，本身并不存在对错，只是对目标企业的一个业绩激励。

第 7 章

私募股权公司如何具体投资企业

对于融资企业而言，引进私募股权投资并非简单的股权融资，选择不同的融资工具、融资时间、私募股权机构及不同的融资方式都会给企业带来不同的效果，除此之外还需要考虑，除了资金，私募股权机构还能够给企业带来什么资源。

企业私募股权投资中的投资工具

完成尽职调查并且投资方决定投资某一企业时，就需要讨论确定投资工具、企业的股价和基于以往销售业绩或未来盈利预测的投资价格、投资金额和股份比例等，然后才能够签订投资协议和认股合同。

对于投资工具的选择，投资机构一般不用普通股或者债务（一般在企业发展后期才选用），对于新企业一般采用可转换成普通股或可认购普通股的优先股或债务，这就产生了几种投资证券工具，混合使用不仅可以满足投资方与被投资企业的不同需求，也能够扩大双方之间协商的余地。

◎ 优先股在私募股权投资中的使用

优先股制度在西方发达国家已经发展数十年，是公司运作中一项重要的融资工具。它是一种给予持有者优先权的股份，当公司进行分红或公司解散分配剩余财产时，持有者可以优先进行分配。同时，优先股也是一种介于股权和债券之间的混合权益。

优先股的特性

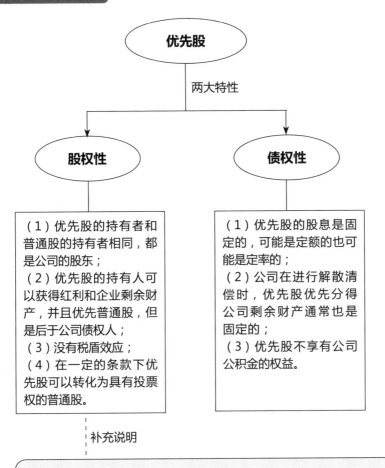

补充说明

税盾效应：即债务成本（利息）在税前支付，而股权成本（利润）在税后支付，因此企业如果要向债权人和股东支付相同的回报，实际需要产生更多的利润。

在私募股权投资活动中，投资方并不会长期持有企业的股份，也不会刻意追求固定的债息、股息回报，而是坚持价值增值为导向，以持股增值、出售为策略。通过适合的渠道退出从而实现利益的最大化实现，因而对于优先股这种金融工具的选择，实则是为了分散风险实现自我利益的安排，而分散风险主要体现在优先条款中。

私募股权投资中的优先条款

价格条款 价格条款是优先股发行和认购中的基础条款，该条款中主要涉及认购金额、股份数量、股权种类及所代表的股权比例等。价格条款原则上由公司与投资者自由约定，如果涉及外国投资者并购境内企业的，需要进行相应的股权价值评估。

优先分红条款即优先股股东在公司分配利润时，优于普通股股东。通常该规定会明确优先股股东是否在分配股息后还能否参与剩余利润的分配，以及往年未分配的利润是否累积到下一年份。根据《中华人民共和国公司法》允许公司章程自由约定利润分配方式，优先股股东优先分红的权利可以通过投资协议和公司章程实现。 **优先分红条款**

优先认购条款 优先认购条款主要是当企业的其他股东转让股份或发行企业新股时，优先股股东具有优先购买股份的权利。这是投资者股份被稀释的重要条款，也为投资者追加企业投资提供了便利。

优先清算条款类似于优先分红条款，都在股权中加入了债权的属性，保障了优先股持有人的利益，降低了投资风险。但是有限清算条款中一般会对清算事件进行定义，明确优先清算权行使的前提。 **优先清算条款**

回购条款 回购条款即投资方和被投资企业就优先股回购做的约定，如果投资方要求被投资企业回购其股份，一般还会明确投资方行使回购权的时间和条件。回购条款对于投资方而言，实际是一份看跌期权，具有止损的作用；对被投资企业而言，如果企业有权回购投资者股份，那么回购条款则具有保证控制权的作用。同时，回购条款中也会对回购的计算方式做出具体的规定。

转换条款是指优先股股东有权在一定时期内，按照一定的比例将其持有的优先股转换为另一种证券，实际上是优先股持有人拥有了看涨期权。同时，转换条款中会明确规定转换条件、转换比例、转换期限及转换价格等，这些因素决定了可转换优先股的转换价值。

转换条款

估值调整条款

估值调整条款是股权投资者与原股东之间针对公司未来不确定的发展状况达成的一项约定，估值条款实际上也是一种期权。

国际私募股权投资协议中涉及的优先股条款还包括有关保护投资人利益、减少公司管理层道德风险的知情权条款、内部控制审查条款、董事任免权条款、股份质押条款等，以及关系到投资人所持优先股价格和投资退出方式的反稀释条款、强制出售条款及跟随条款等。

其他条款

◎ 私募股权投资中可转换优先股的运用

可转换优先股是私募股权投资基金投资的重要手段之一，优先股可分为可转换优先股和不可转换优先股。在私募股权投资基金中，通常都是设立可转换优先股，即允许优先股持有人在特定的条件下把优先股转换成一定数额的普通股。

通过可转化优先股融资，被投资企业可以得到股份资本，而投资方的利益也可以得到类似于债权的保障。正是由于可转换优先股灵活的债性与股性，大大地降低了企业和基金之间的信息不对称和不断讨价还价的交易成本，有效地避免了企业财务上弄虚作假的可能性，减少了道德风险。

可转换优先股条款内容

可转换优先股的转换价格、转换比例

为了避免被投资企业原股东利用可转换条件稀释投资者之前投资的股份，协议中通常会规定反稀释条款，用以保护投资方因为股份拆分或特殊分红受到的损害。

优先股自动转换的条件

在投融双方签订的股份认购协议中，通常会明确优先股自动转换成普通股的条件。例如约定当企业首次公开发行时，可转换优先股就自动转换成普通股。

协议中附带的限制性条款

私募股权投资者通过在可转换优先股中设置表决权，使投资者不必持有企业 50% 以上的股份就能够控制企业董事会，这一机制可以为增减创业家的报酬、分发红利、调整优先股可转换比例等补救措施提供有效的保证。

强制赎回条件

强制赎回条件是私募投资者入股目标企业后的重要风险控制方法。当目标企业的经营业绩没有达到预期，企业不能上市，私募投资者无法实现股权转让，私募投资者就会要求企业在一定时间内按照一定的价格回购投资者持有的股份。

◎ 可转换债券在私募股权投资中的使用

在私募股权投资中，可转换债券是一种重要的金融工具，它是介于股票与债券之间的债券，具有一定的期权性质，持有人有权在规定的时间内按照约定的条件将手中持有的可转换债券转换成股票，也可以要求发行人到期还本付息。其中可转换债券中的债券性质是私募股权投资者对自身投资保护的方法。

可转换债券的特点

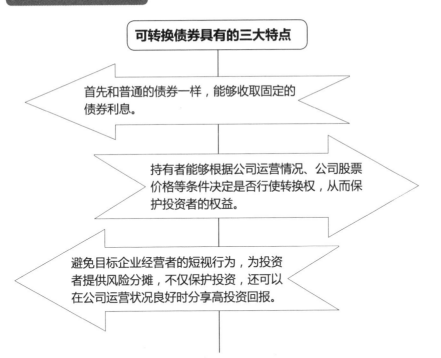

可转换债券具有的三大特点

首先和普通的债券一样，能够收取固定的债券利息。

持有者能够根据公司运营情况、公司股票价格等条件决定是否行使转换权，从而保护投资者的权益。

避免目标企业经营者的短视行为，为投资者提供风险分摊，不仅保护投资，还可以在公司运营状况良好时分享高投资回报。

小贴士

在私募股权投资中，可转换债券中的债权投资不管是对于投资企业，还是对于投资方，都有着重要的作用。被投资企业有利于自身进行管理，而投资方可以减少投资成本，保护自身的利益。

不同的角度分析可转换债券的作用

从股性和债性两个方面分析

股权投资

从股权投资的角度来看，由于私募股权投资造成大量的外部资金流入企业，加大了企业内部的自由现金流，同时企业的经营者具有绝对控制权，大量的自由现金流和控制权会促使经营者的随意行为。如果引入了可转换债券，当债券到期时，债券持有人要求还本付息，企业则会承担较大的财务负担。如果企业的收益低于债券利息，那么投资者会减少经营者的收入或相应的股权，促使经营者提升企业业绩管理。

债权投资

从债权投资的角度来看，可转换债券又具有股权的形式。在投资过程中，投资者将资金投入被投资企业，债权人和被投资企业之间就存在着利益冲突。所以，被投资企业在后面的经营管理中不会按照债权人利益最大的原则对企业进行管理。由于转股期权的存在，当股权收益较大时，投资者可以进行债转股，从而成为公司股东分享高收益。

总的来说，随着私募股权投资的快速发展，投资的成功与否已经不仅仅是由项目本身决定，还与投资的方法，以及投资的金融工具选择有直接的关系。所以在私募股权投资中，对于融资工具的选择也应该引起重视。

不同的私募股权投资策略演示

　　由于私募股权投资的复杂性、多变性及高收益性，使得私募投资者在面对投资时不得不谨慎。因此，在私募股权投资的过程中，根据融资企业的不同会出现不同的投资方式，常见的有分段投资、联合投资、匹配投资及组合投资四种策略。

◎ 进退自如的投资——分段投资法

　　分段投资，就是分时间段进行投资。通常企业在创业初期各方面的风险较大，资金的需求量较小。而随着时间的推移，企业逐渐得到发展，风险逐步减小，资金的需求量却逐渐增加。此时，对于发展情况不是趋于良性发展的企业，则可能通过清算等手段尽可能收回前期投资。

　　这种根据企业具体发展情况决定是否进行下一步投资或撤回投资的分段式投资策略，使得投资者可以分析风险的变化自由进退，在很大程度上保障了投资者的投资风险，避免了投资的损失。下面以阿里巴巴具体的融资实例来介绍分段投资。

案例陈述

阿里巴巴创造了独具特色的 B2B 电子商务模式，这里的 B2B 不是 Business to Business，而是 Businessman to Businessman，即商人对商人。阿里巴巴作为国内电子商务的领导者，无疑是成功的，旗下的淘宝网、天猫商城及阿里巴巴网站等都成绩斐然。究其原因，不难发现阿里巴巴并没有按照传统的西方模式进行，而是结合国内的行情，走具有中国特色的电子商务之路。其中，私募投资选择是阿里巴巴获得成功的一个重要的因素。

1999 年 3 月，马云以 50 万元的原始资本将阿里巴巴投入运作，半年后会员数量达到了 41 000 家。阿里巴巴的飞速发展吸引了风险投资家的目光，各大风投纷纷找到阿里巴巴并表明投资意向。"那时我们共拒绝了 38 家风险投资公司，马云一直在等待着最适合的那一家"阿里巴巴的副总裁这样描述那段经历，"风投找来的时候，公司的账上一分钱都有没有了，而马云硬是带着大家挺过来了，宁缺毋滥。"马云看中的是能够与阿里巴巴一同成长，而不是只顾眼前的短期利益。最后，马云接受了以高盛为首的风险投资 500 万美元，完成了第一轮融资。

阿里巴巴的第二轮投资源于阿里巴巴与软银的结缘。2000 年 1 月 18 日，软银向阿里巴巴注资 2 000 万美元。在完成投资后，软银还同时投入大量资金和资源与阿里巴巴在日本和韩国成立合资公司，帮助阿里巴巴开拓全球业务。

从 2000 年 4 月起，纳斯达克指数开始暴跌，开始了长达两年的熊市寒冬，很多的互联网公司都陷入了困境，甚至是关门。这时，阿里巴巴进行了战略调整，为了解决当前的困境，阿里巴巴决定开源节流。2001 年 12 月，通过开源节流等措施，尽管还处于互联网低潮期，但是阿里巴巴公司当月却冲破了收支平衡线，实现了盈利，阿里巴巴的发展让投资者再一次看到了希望。于是，在 2002 年，急需资金扩展业务的阿里巴巴进行了第三次融资。同年 2 月，日本亚洲投资公司与阿里巴巴签署投资协议，投入 500 万美元。

2003 年，非典爆发，使得电子商务的价值显现出来，而阿里巴巴一跃成为全球企业首选的电子商务平台，各项经营指标持续上升，年底盈余过亿元。2003 年 7 月，马云用 1 亿元发展淘宝网，正式进军 C2C，为用户提供个人网上交易服务。同年年末，淘宝网的注册用户超过 30 万，月交易量 2 500 万元。由于淘宝网的快速发展，这无疑需要大量的资金投入，于是阿里巴巴展开了第四次投资。

2004 年 2 月 18 日，包括美国 Fidelity、Granite Global Ventures（GGV）、软银和新加坡科技发展基金在内的 4 家基金共向阿里巴巴投资 8 200 万美元，成就了中国互联网行业最大的私募投资。经过此次的融资，阿里巴巴的股权结构并没有发生本质变化，阿里巴巴管理层和马云仍然是公司最大的股东，股权结构如下图所示。

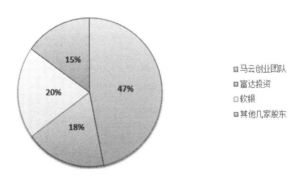

2005 年，阿里巴巴前几轮的投资者迟迟不见收益，于是开始着急套现退出，同时马云也面临资金短缺的问题。就在此时，eBay 提出收购阿里巴巴，软银也开始着急套现退出，一旦 eBay 实现收购，马云便失去控制权，所以此时引进第三方雅虎来达成妥协。2005 年 8 月，雅虎以 10 亿美元，换取了阿里巴巴 39% 的股权，使得阿里巴巴形成了三足鼎立的局面。雅虎入股之后的股权结构，如下图所示。

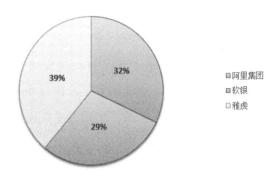

2007 年 11 月 6 日，阿里巴巴网络有限公司在香港联交所上市，发行价 13.5 港元每股，开盘价高达 30 港元，涨幅达到 122%，并成功融资 15 亿美元，创下了中国互联网融资之最。2012 年阿里巴巴从香港退市，退市仍然为 13.5 元每股。此次融资对阿里巴巴而言，就是从股民手中获得了一个 5 年期 190 亿港元的无息贷款。

2012 年 9 月 18 日，阿里巴巴集团宣布，对雅虎 76 亿美元的股份回购计划全部完成。阿里巴巴集团以约 63 亿美元现金和价值 8 亿美元的阿里巴巴集团优先股回购雅虎手中持有阿里巴巴集团股份的一半，即阿里巴巴集团 20% 的股份。此次回购，马云重新掌握新公司董事会权利。回购之后的股权结构，如下图所示。

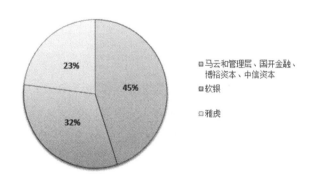

2014 年美国时间 9 月 19 日，阿里巴巴宣布 IPO 发行价为 68 美元每股，在纽交所正式挂牌上市交易。股票代码"BABA"，此次募集资金约 220 亿美元，完成第七次融资。

通过阿里巴巴的投资过程可以看到，私募对阿里巴巴的投资采用了分段式投资的策略。在私募投资的过程中，随着阿里巴巴发展阶段的不同，投资也分为不同的阶段。

第一轮和第二轮投资，企业处于发展的早期，投资的风险较大；第三轮投资处于企业的发展期，投资的风险在原来的基础上有所下降；第四轮投资，企业进入扩张期，投资风险减小；第五轮投资，企业进入成熟期，投资风险进一步降低；第六轮融资和第七轮融资属于上市融资。分段投资实际上也是私募对阿里巴巴的不断重新评估的过程。

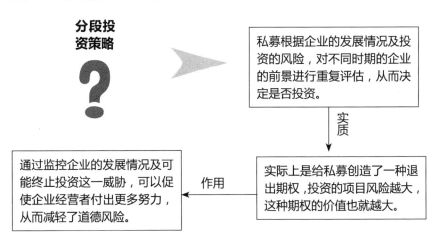

◎ 资源共享，风险共担的投资——联合式投资

联合式投资是私募股权基金普遍采用的投资策略，基金之间因为联合投资行为而结成许多的网络连结关系，进而形成私募股权基金联

合投资网络。

通常对于风险较大，投资金额较高的项目或企业，投资者会联合其他的投资机构或个人共同投资。这样一来，对于被投资企业可以享受到来自多个投资机构的资源，而投资者也可以和其他投资机构或个人共同分担投资风险。

联合式投资的优势分析

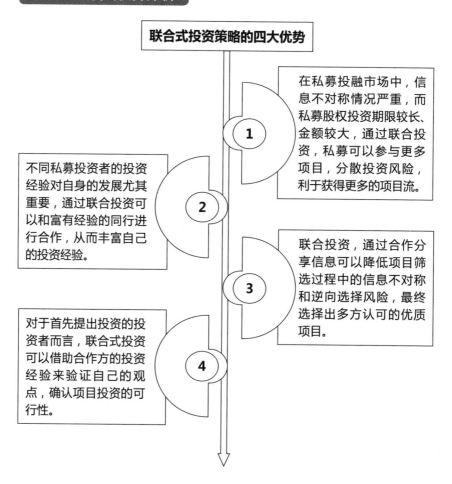

联合式投资策略的四大优势

1　在私募投融市场中，信息不对称情况严重，而私募股权投资期限较长、金额较大，通过联合投资，私募可以参与更多项目，分散投资风险，利于获得更多的项目流。

2　不同私募投资者的投资经验对自身的发展尤其重要，通过联合投资可以和富有经验的同行进行合作，从而丰富自己的投资经验。

3　联合投资，通过合作分享信息可以降低项目筛选过程中的信息不对称和逆向选择风险，最终选择出多方认可的优质项目。

4　对于首先提出投资的投资者而言，联合式投资可以借助合作方的投资经验来验证自己的观点，确认项目投资的可行性。

案例陈述

顺丰私募股权投资

1993 年成立的顺丰发展至今已经走过了 20 多个年头了，独占国内快递市场的两成份额，其董事长王卫带领顺丰从营收 10 万元发展到 200 亿元的故事也被业界熟知。对于顺丰而言，20 多年来都处于一个初创和发展期，企业也急需改变，得到发展。

与此同时，国内同行的发展无疑也给顺丰带来了一定的压力。2012 年 4 月，中国邮政速递物流股份有限公司披露招股书，宣布将通过 IPO 募集资金 99.7 亿元；2013 年 5 月，红杉资本认购了中通速递的股权，股权数不超过 10%。另外，各种资本都在不断向快递市场扩张。同时，民营快递"四通一达"（申通、中通、圆通、汇通及韵达）也在试图寻求长期发展之路。面对日益激烈的竞争环境，顺丰融资势在必行。

早在 2004 年，FedEx 策划进入中国市场时就曾找到王卫，希望能够以 40 亿～50 亿元人民币的价格收购顺丰，但被王卫拒绝了。之后，寻找王卫的私募从未间断，但都被其婉拒了。就其原因，王卫表示"由于战略性融资的特点是长期性，并且没有上市的需求和压力，并不想财务性投资有确定一个资本退出的时间表，其投资者相对看中的是短期利益"。所以王卫将目光放到了中信资本、招商局集团、元禾控股及古玉资本 4 家私募股权投资机构进行联合投资。

2013 年 8 月 20 日，顺丰速运获得来自元禾控股、招商局集团、中心资本和古玉资本的联合投资，总投资金额 80 亿元，该融资是顺丰成立 20 年来所做的第一次股权融资。

事实上，从顺丰最终选定的投资方来看，除了国有背景平台这一共同特性之外，市场化运作程度较高也是顺丰考量的一个重要因素。

王卫对业界的情况非常熟悉，所以对于私募股权投资，比起资金，他更看重私募股权机构能够给顺丰带来什么样的资源。例如中信资本，中信资本背后有中信集团、中投公司的股东背景，除了这些信息外，中信资本本身具有强大的平台实力。另外，中信集团平台下的大昌集团也在生鲜食品等业务领域与顺丰有合作，从而加深了顺丰与中信资本之间的合作。

◎ 捆绑型利益共同体——匹配式投资

匹配式投资是指投资者在对项目或者企业进行投资时，要求项目的经营管理者或创业企业投入一定比例的资金。这样，匹配式投资将投资者与经营管理者的利益捆绑在了一起，促使创业企业或项目经营者加强管理，从而降低了投资风险。

案例陈述

天堂元金并购基金

2013 年 1 月 31 日，京新药业发布《关于拟与并购基金合作进行产业整合的公告》中称，"约定拟由浙江天堂硅谷投资管理集团有限公司（以下简称"天堂硅谷"）和浙江元金投资有限公司（以下简称"元金投资"）共同发起设立专门为公司的产业整合服务的并购基金（以下简称"并购基金"）。

其中，元金投资持有京新药业 4.57% 的股权，是京新药业的股东之一，京新药业的控股和实际控制人为京新药业公司总经理，京新药业总经理直接持有京新药业 23.89% 的股份，为京新药业的实际控制人。

并购基金设立总规模不超过 10 亿元，天堂硅谷作为 GP，承诺出资 500 万元；元金投资承诺出资 1 000 万元。元金投资保证其出资占天堂元金总规模的 10% ～ 20%。基金剩余部分的出资，由天堂硅谷对外募集，并根据项目实际投资进度分期到位。天堂元金并购基金的结构如下图所示。

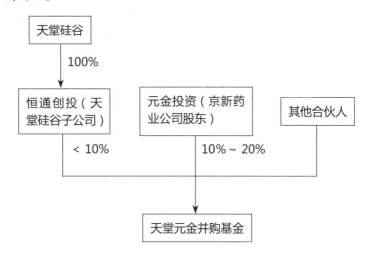

并购基金作为京新药业产业的整合平台，专门服务于京新药业的核心业务，即以与京新药业的主营业务相关的中药、生物制药领域为主要的投资方向。

京新药业对并购基金项目具有优先回购权，规定为："并购基金及天堂硅谷不得向京新药业之外第三方转让并购对象；京新药业承诺在达到约定的条件后，依照法律、法规和京新药业章程规定的程序收购并购对象；元金投资对该前述收购事项承担担保责任。"

可以看到，在天堂硅谷与京新药业的并购合作中采用的是私募与上市公司捆绑型合作。私募机构天堂硅谷出资 1% ～ 10%，元金投资作为股东出资 10% ～ 30%，剩下的资金由天堂硅谷负责募集。这样的结构将私募机构的利益与投资项目的利益紧密结合起来，能够更有效地对项目进行管理。

◎ 不把鸡蛋放进一个篮子里——组合型投资

我们在进行个人理财计划时，为了降低投资风险也会购买不同的理财产品，私募股权投资也是如此。私募机构在进行投资时，通常都不会只选择一个项目或者企业进行投资，而是分散投向多个项目、多个企业，或者是多个行业。这样一来，如果投资的项目中有一个出现损失，就可能通过从另外的项目或者企业的成功中得到补偿，从而避免风险投资公司的损失。

案例陈述

独具慧眼的软银资本

软银中国资本（SBCVC）成立于 2000 年，是一家领先的风险投资和私募股权基金管理公司，致力于在中化地区投资优秀的高成长、高科技企业。

2003 年 4 月，软银旗下的软银亚洲基础设施基金在盛大网络最为困难的时候投资 4 000 万美元，得到了盛大网络 21% 的股份。2004 年 6 月，盛大网络在纳斯达克上市。上市 8 个月之后，软银亚洲基础设施基金在高价位出售盛大网络的股份，成功套现 5.6 亿美元。

另外，谈及软银资本的投资就不得不提及阿里巴巴。2000 年，阿里巴巴仍然是中国的一家小型电子商务公司。在北京软银 CEO 与马云交谈了 6 分钟之后，就决定向阿里巴巴投资。当时软银计划投资 4 000 万美元，不过最终只投了 2 000 万美元，获得了阿里巴巴 34.4% 的股份。

2014 年，当阿里巴巴在美国纽约证券交易所上市，软银所持有的股份达到 580 亿美元，当初投资的 2 000 万美元赚大了。

软银集团在 2013 年和同子公司共同投入约为 15 亿美元，收购开发了《皇室战争》的芬兰游戏开发商 Supercell 的员工、股东及若干前员工股东总计 11.3% 的股份。软银资本并没有透露增持 22% 的股份所投入的资本，但是当初投资约 15.3 亿美元收购 51% 的股份，也卖出了 51 亿美元的高价。3 年获利 36 亿美元，这样的收购也很值得。

除此之外，软银资本还成功地投资了淘宝网、分众传媒、万国数据、神雾及普丽盛等一系列优秀企业。

纵观软银资本的投资不难发现，软银资本习惯组合式投资，将资本投资于不同的领域的企业，以及分别投资处于不同阶段，例如早期、成长期及后期的企业，从而分担投资风险。

其中，在信息技术行业，投资的企业如下图所示。

在医疗健康行业，投资的企业如下图所示。

除了以上两个重点投资的行业以外，还投资其他一些领域的企业，如下图所示。

在过去的几十年中，软银 CEO 带领的软银中国资本在全球范围内进行了大量的投资。对于这些投资，确实可以说软银资本独具慧眼，在目标公司迫切需要资金发展时，以相当数量的资金获得大多数的股份，然后寻求适合的时机抛售，获得高收益。不得不说，软银 CEO 是一位成功的投资者。

企业初创阶段的私募股权投资案例分析

每一个企业都会经历初创时期，处于这个时期的企业各方面的发展还未成熟，资源不足，资金欠缺，阻碍企业的发展。很多私募股权投资的机构会重点性的关注及投资这类企业，帮助其发展的同时，使自己得到更高的收益。

◎ 携程的创业融资之路

今天，携程网向超过 2 000 万的注册会员提供包括酒店预订、机票预订、独家预订、商旅管理、特约商户及旅游咨询等在内的全方位履行服务。从创立到 2003 年年底海外上市，携程网利用国际风险投资和国际风险投资工具，借助股权私募基金的力量实现了公司跳跃式的发展。下面来具体分析携程网的创业之路。

案例陈述

1999 年 4 月，携程创始人梁某、沈某、范某以及季某 4 人成立携程香港公司，注册资本约 200 万元人民币。公司的股权结构比例以出资的比例而定，沈某是最大的股东。携程在国内的业务实体携程计算机技术（上海）有限公司早在1994年就已经成立了，在携程香港公司成立之后，以股权转让的形式转让100%的股份，控股携程上海公司。

沈某等人深知以200万元人民币，携程不可能得到快速的发展，所以便与IDG技术创业投资基金（以下简称"IDG"）接触。1999年10月，在携程网站还没有正式推出的情况下，携程仅凭借一份10页的商业计划书与IDG洽谈。基于携程的商业模式和创业团队价值，得到了来自于IDG的50万美元种子基金。作为对价，IDG获得了携程20%多的股份。

2000年3月，携程国际在开曼群岛成立。由软银中国创业投资公司牵头，IDG、兰馨亚洲投资集团、Ecity Investment Limited及上海实业创业投资公司等5家投资机构与携程签署了股权认购协议。携程以每股1.0417美元的价格发售432万股"A类可转可赎回优先股"。本次融资共募得约450万美元，携程完成第二轮融资。

由于第二轮融资的成功，引来了美国凯雷集团。同年11月，凯雷投资机构与携程签署了股份认购协议，以每股1.5667美元的价格认购携程719万股"B类可转可赎回优先股"。这次投资中，凯雷投资人认购了510万股，投资额约为800万美元，取得了约25%的股权。同时，软银、IDG和上海实业则分增持约为64万股、41万股及83万股，兰馨亚洲增持了18万股。携程完成第三轮融资，获得了超过1000万美元的投资。

2000年11月，携程并购北京现代运通订房中心。这次的并购为携程带来了巨大收益，一年的时间里，携程发展了2000多家签约酒店。2001年订房交易额达到5亿元，2002年交易量再翻一番，成为国内最大的宾馆分销商。

2002年4月，沈某再出奇招，收购了有名的散客票务公司——北京海岸，从而奠定了携程机票预订的基础。结合互联网的优势，沈某将原来的票据业务扩展到网络，这一转变获得成功，携程开始在全国复制业务。时至今日，客房预订和机票订购仍然是携程主要收入来源。

2003 年 9 月，携程的经营规模和盈利达到了上市水平，此时携程取得了上市前的最后一轮 1 000 万美元的投资。携程以每股 4.585 6 美元的价格向老虎基金发售 218 万股 "C 类可转可赎回优先股"。这部分投资全部用于原有股东包括凯雷、上海实业、IDG 以及创始人等的套现退出。携程以每股 4.528 3 美元的价格赎回普通股和 A 类可转可赎回股票约 122 万股，以每股 6.792 4 美元价格赎回约 64 万股 B 类可转可赎回股票。

美国东部纽约时间 2003 年 12 月 9 日上午 10:45，携程网在美国纽约纳斯达克股票交易所正式挂牌交易。上市首日，开盘价 24 美元，最高冲至 37.35 美元，最终以 33.94 美元的价格结束全天的交易，涨幅 88.6%，创下了 3 年内纳斯达克市场 IPO 首日股价涨幅纪录。下图所示为携程上市后 2007 ～ 2016 年的 K 线变化。

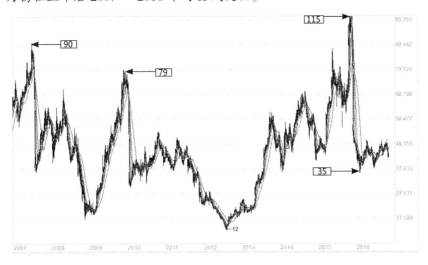

根据携程的发展可以看到，携程从开始创业，到发展上市，其中

私募股权投资机构功不可没。如表 7-1 所示，为携程网的融资历程分析。

表 7-1　携程网的融资历程

轮次	企业所处阶段	融资时间	投资方	投资金额	融资用途
第一轮融资	种子期	1999 年 10 月	IDG	50 万美元	启动初期运营
第二轮融资	初创期	2000 年 3 月	软银、上实及IDG 等五家投资机构	450 万美元	现代运通的整体收购
第三轮融资	发展期	2000 年 11 月	凯雷、软银及IDG 等投资机构	超过 1 000 万美元	并购北京海岸航空服务公司
第四轮融资	Pre-IPO期	2003 年 9 月	老虎基金	1 000 万美元	原有股东套现退出

携程成立之后，创始人整合携程的发展情况及企业内部的资金情况，首先考虑到用私募股权投资来发展企业。以下是携程私募股权投资的原因。

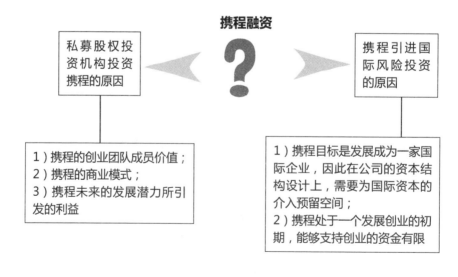

◎ 分众传媒——中国传媒的领跑者

分众传媒（Focus Media），是中国领先的数字化媒体集团，创建于 2003 年，产品线覆盖商业楼宇视频媒体、卖场终端视频媒体、公寓电梯媒体（框架媒介）、户外大型 LED 彩屏媒体、电影院线广告媒体及网络广告媒体等多个针对特征受众、并可以相互有机整合的媒体网络。纵观分众媒体的发展历程可以发现，其成功绝不是偶然的，它经过尝试期、初创期及扩张期，下面根据分众传媒具体的融资过程查看私募股权投资。

案例陈述

1994 年，21 岁的江某筹资 100 多万元成立了永怡广告公司，任总经理职位。1998 年，永怡已经占据了 95% 以上的上海 IT 领域广告代理市场，营业额达到 6 000 万～7 000 万元，到 2001 年收入达到 1.5 亿元。永怡持续了几年辉煌的业绩之后，由于中国互联网进入了严冬，遭受重创，广告公司的利润一落千丈。

一天，江某在无聊地等电梯，不经意间发现电梯附近的人都同样的无聊。突然想到大家眼前的电梯门就是很好的广告投放点。

2002 年 5 月，29 岁的江某投入 2 000 万元，锁定上海顶级的 50 栋商业大楼，安装液晶显示屏。但是面对这样全新的广告投放模式，广告商们并没有马上投入其中，而是处于观望的态度。2003 年 5 月，江某将永怡传媒公司更名为分众传媒控股有限公司。

由于没有客户，江某很快就花光了 2 000 万元，于是想到了找风险投资机构进行私募股权投资。他找到了软银中国资本，软银上海首席代表对其进行一番调查之后，达成了初步融资的意向。于是向日本总部提交了商业计划书，软银计划投资1 000万元美元，但是江某拒绝了。江某认为，1 000万美元投入进来，公司的实控权就会丧失，所以只接受50万美元的投资。与此同时，另外一家VC维众中国也在这一轮投资中投入不到50万美元。就此，分众传媒完成了第一轮投资，投资金额不到100万美元。

江某获得第一轮投资之后，将业务从上海扩展到了4个城市。2004年3月，分众传媒再次获得投资。分众传媒与鼎晖投资、TDF华盈投资、美商中经和、麦顿国际投资等国际知名私募投资机构签署第二轮1 250万美元的融资协议。在新一轮资金的支持下，分众传媒于2004年年底建成覆盖包括北京、上海、广州、深圳及香港特别行政区在内的37个城市的上万栋商务大楼的液晶电视联播网，如下图所示。

9个月之后，即2004年11月。分众传媒完成了第三轮融资，美国高盛公司、英国3i和维众中国共同投资3 000万美元入股分众传媒。

2005年7月13日，分众传媒在美国阿斯达克上市，融资总金额达到1.717亿美元，创下了中国概念股在纳斯达克首发融资的新高。而分众传媒背后的私募股权投资机构高盛、鼎晖及软银退出，获得了天价收益率。

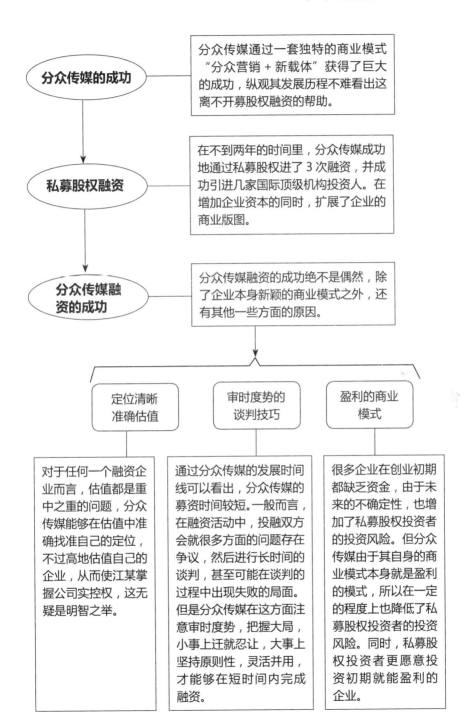

分众传媒的成功

分众传媒通过一套独特的商业模式"分众营销 + 新载体"获得了巨大的成功，纵观其发展历程不难看出这离不开募股权融资的帮助。

私募股权融资

在不到两年的时间里，分众传媒成功地通过私募股权进了 3 次融资，并成功引进几家国际顶级机构投资人。在增加企业资本的同时，扩展了企业的商业版图。

分众传媒融资的成功

分众传媒融资的成功绝不是偶然，除了企业本身新颖的商业模式之外，还有其他一些方面的原因。

定位清晰准确估值

对于任何一个融资企业而言，估值都是重中之重的问题，分众传媒能够在估值中准确找准自己的定位，不过高地估值自己的企业，从而使江某掌握公司实控权，这无疑是明智之举。

审时度势的谈判技巧

通过分众传媒的发展时间线可以看出，分众传媒的募资时间较短。一般而言，在融资活动中，投融双方会就很多方面的问题存在争议，然后进行长时间的谈判，甚至可能在谈判的过程中出现失败的局面。但是分众传媒在这方面注意审时度势，把握大局，小事上迁就忍让，大事上坚持原则性，灵活并用，才能够在短时间内完成融资。

盈利的商业模式

很多企业在创业初期都缺乏资金，由于未来的不确定性，也增加了私募股权投资者的投资风险。但分众传媒由于其自身的商业模式本身就是盈利的模式，所以在一定的程度上也降低了私募股权投资者的投资风险。同时，私募股权投资者更愿意投资初期就能盈利的企业。

◎ 快者为王——优酷视频

优酷视频网如今已经成为中国第一视频网站，其以"快者为王"为产品理念，凭借"快速播放、快速发布、快速搜索"为产品特性，注重用户体验，现已成为国内互联网领域最具影响力、最受用户喜爱的视频媒体之一。而优酷从 2006 年 12 月 21 日成立以来，也经历了一段私募股权融资的时期。

案例陈述

2005 年 11 月，原搜狐总裁和首席运营官古某创立合一网络技术有限公司，管理 300 万美元的"搜索资金"，在中国寻找新一代互联网的创业机会。到了 2006 年 3 月，合一网络将所有的"搜索基金"投入优酷网，打造中国领先的视频分享网站。

2006 年 6 月 21 日，合一网络宣布优酷网公测开始，古某担任优酷网 CEO 兼总裁。

2006 年 12 月 12 日，优酷接受来自 Sutter Hill Ventures、Farallon Capital 和成为基金总计 1 200 万美元的融资。

2007 年 11 月 21 日，优酷接受来自贝恩资本集团、Sutter Hill Ventures、Farallon Capital 和成为基金总计 2 500 万美元融资。

2008 年 4 月，VLLIV、VLLV 为优酷提供可转债 1 000 万美元，同年 6 月，贝恩资本集团旗下的 Brookside Capital Partners，还有 Sutter Hill Funds、Farallon Capital、成为基金、Maverick Capital、VLLIV 和 VLLV 共投入 3 000 万美元。

2009 年 12 月 21 日，优酷接受来自成为基金、Brookside Capital、

Maverick Capital 和 Sutter Hill Ventures 总计 4 000 万美元融资。

2010 年 9 月，优酷接受来自成为基金、Farallon Fund、Brookside Capital、Maverick Capital、T.Rowe price New Horizons Fund 和摩根士丹利小企业成长基金总计 5 000 万美元的融资。

2010 年 12 月 8 日，优酷网登陆纽交所，股票发行价为 12.8 美元，开盘价为 27 美元，首日收盘价为 33.44 美元，转发行价上涨了 161%，市值高达 35 亿美元。

优酷网在 2005 年至 2010 年间一共进行了七轮融资，融资总额达到了 1.8 亿美元，融资的金额呈现递增的趋势。由 2005 年的 300 万美元增长到 2010 年 9 月的 5 000 万美元。融资价格也是呈现逐步递增，从最低时每股 0.036 364 美元到最后一次融资时达到 0.497 682 3 美元，增长了 10 多倍。通过分期融资的方式，每次融资的价格均有所提高，企业稀释的股权比例得以减少，但是经过多轮融资，优酷管理层仍然是大股东，持股比例达到了 52.37%，CEO 古某通过合一控股持股 40% 以上，经过多轮融资后，仍牢牢掌握公司实控权。优酷的股权结构如下图所示。

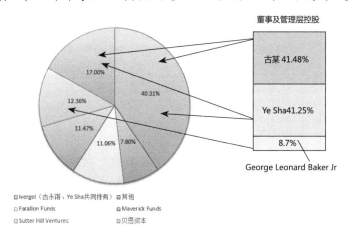

根据股权结构可以看出，尽管优酷经过多次融资稀释，但是古某仍然掌握实控权，并没有因为私募基金的进入而降低了古某个人对优

酷本身的控股地位。

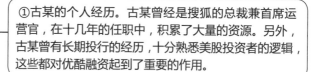

优酷吸引众多私募机构的原因

①古某的个人经历。古某曾经是搜狐的总裁兼首席运营官，在十几年的任职中，积累了大量的资源。另外，古某曾有长期投行的经历，十分熟悉美股投资者的逻辑，这些都对优酷融资起到了重要的作用。

②中国互联网视频市场巨大的发展潜力。国内的互联网市场较大，网络用户增长较快，巨大的市场发展潜力也是吸引私募的重要原因。

③优酷的 UGC+Hulu 模式。优酷将两种业务进行有机组合，成为新颖的业务模式，从而获得国外投资者的广泛认同。

④优酷市场第一的占有率。根据第三方数据显示，优酷在市场规模、收入水平以及用户数量等方面均处于领先位置，用户浏览时长占据视频行业的 40%。优酷强大的市场占有率对投资者而言，具有强烈的吸引力。

⑤优酷的亏损降低。尽管优酷在融资时财务处于亏损状态，但是根据季度营收数据来看，优酷呈现出阶梯式的增长。对投资者而言，亏损额不断减少，净营收呈现增长的趋势，这是打动私募投资者的重要原因。

企业成长阶段的私募股权投资案例分析

处于成长阶段的企业通常已经具有一定的规模，并且积累了固定的客户群体，甚至可能有较好的盈利。这时候的企业通常渴望快速的扩张、发展，所以考虑融资。相对于初创期的企业而言，成长期的企业私募投资风险更低，企业融资的难度较低。

◎ 与私募资本共舞——蒙牛

蒙牛乳业股份有限公司如今已是国家农业产业化重点龙头企业、乳制品行业龙头企业。与其他的企业一样，蒙牛也经历了一段时间的资金短缺，但是蒙牛并不是一开始就选择私募股权融资。

案例陈述

1999 年 1 月 13 日，牛根生带领团队成立蒙牛乳业有限责任公司，注册资金 100 万元。同年 8 月，成立了几个月的蒙牛乳业有限责任公司进行了股份制改造，宣布成立内蒙古蒙牛乳业股份有限公司（以下简称"蒙牛股份"），注册资本增至 1 398 万元，折股 1 398 万股，发起人为 10 个自然人。

从 1999 年到 2002 年，短短 3 年的时间里，蒙牛股份的总资产从 1 000 多万元增长至近 10 亿元，年销售额从 1999 年的 4 365 万元增长至 2002 年的 20 多亿元，在全国的乳制品销售排名中名列前茅。

但是此时蒙牛企业的资金来源非常有限，资金的制约严重影响到了企业的发展，蒙牛急需资金突破瓶颈。从 1999 年到 2001 年，蒙牛尝试通过各种渠道进行融资，但是成就不大。2002 年摩根、英联及鼎晖 3 家国际投资机构联合向蒙牛的境外公司母公司注入 2 597 万美元，同时获得蒙牛 49% 的股份。2003 年 10 月，3 家投资机构再次向蒙牛的海外母公司注入 3 523 万美元。下图所示为蒙牛的融资渠道。

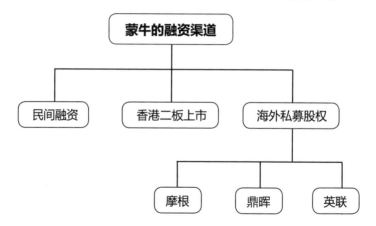

2001 年和 2002 年，蒙牛投资的资金基本靠相对较小规模的增资扩股所得，但是这样的风险和成本较大，并且可持续性不容易控制，另外融到的资金有限。为了尽快解决资金问题，2002 年初，股东会、董事会均同意在法国巴黎百富勤的辅导下上香港二板。因为当下的蒙牛历史较短、规模较小，并不符合上主板的条件。这时，摩根士丹利与鼎晖找到蒙牛，劝其不要去香港二板上市。众所周知，香港二板除了极少数公司以外，其他的流通性都不好，机构投资者一般都不感兴趣，企业再融资非常困难。摩根与鼎晖希望牛根生团队应该引入私募投资者，资金可快速到位，帮助企业成长与规范化，大到一定程度了就直接上香港主板。

之后，摩根、鼎晖与蒙牛开始进入实质性的接触，经过协商，摩根、鼎晖及英联决定投资，但是资金并不是直接投给蒙牛。因为根据当时的中国法律法规规定，合资企业的股权转让需经商务部批准，并且两次交易的时间间隔不能够少于 12 个月。即中外合资企业的股权不能够自由交易，为了接受这 3 家机构的投资，蒙牛进行了企业重组。

第一次注资后，蒙牛管理团队所持有的股票在第一年只享有战略投资人所持股票 1/10 的收益权，而 3 家投资机构享有蒙牛 90.6% 的收益权，只有完成约定的"表现目标"，这些股票才能与投资人的股票实现同股同权。第二次增资中，3 家投资机构提出了发行可换股债券，其认购的可换股债券除了具有期满前可赎回、可转为普通股的可转债属性，它还可以和普通股一样享受股息。

2004 年 6 月 10 日，蒙牛乳业股份有限公司在香港挂牌上市，公开发售 3.5 亿股（其中 1 亿股为旧股），公众超额认购 206 倍，一次性冻结资金 283 亿港元。股票发行价格稳稳地落在了最初设计的询价区间 3.125 ~ 3.925 港元的上限 3.925 港元，全面摊薄市盈率高达 19 倍，IPO 共募集资金 13.74 亿港元。开盘后，蒙牛股价一路飙升，当天股价即上涨了 22.98%。后来居上的"蒙牛乳业"，由此在资本运作方面赶上了同行业第一梯队的所有对手，蒙牛成为中国第一家境外上市民企红筹股。之后 3 家私募股权投资机构全部成功退出，表 7-2 所示为退出的时间表。

表 7-2　私募机构的退出时间表

推出事件	时间	售出股份	套现金额
IPO 时	2004.6	约 1 亿股	3.92 亿港币
第一次转股后	2004.12	约 1.68 亿股	10.2 亿港币
全部转股后	2005.6	约 3.16 亿股	15.62 亿港币

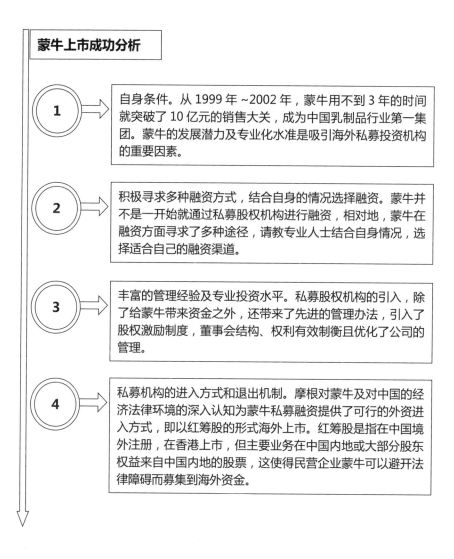

蒙牛上市成功分析

1 自身条件。从 1999 年 ~2002 年，蒙牛用不到 3 年的时间就突破了 10 亿元的销售大关，成为中国乳制品行业第一集团。蒙牛的发展潜力及专业化水准是吸引海外私募投资机构的重要因素。

2 积极寻求多种融资方式，结合自身的情况选择融资。蒙牛并不是一开始就通过私募股权机构进行融资，相对地，蒙牛在融资方面寻求了多种途径，请教专业人士结合自身情况，选择适合自己的融资渠道。

3 丰富的管理经验及专业投资水平。私募股权机构的引入，除了给蒙牛带来资金之外，还带来了先进的管理办法，引入了股权激励制度，董事会结构、权利有效制衡且优化了公司的管理。

4 私募机构的进入方式和退出机制。摩根对蒙牛及对中国的经济法律环境的深入认知为蒙牛私募融资提供了可行的外资进入方式，即以红筹股的形式海外上市。红筹股是指在中国境外注册，在香港上市，但主要业务在中国内地或大部分股东权益来自中国内地的股票，这使得民营企业蒙牛可以避开法律障碍而募集到海外资金。

◎ 中国酒店业海外上市第一股——如家

如家酒店集团旗下拥有如家酒店、和颐酒店、莫泰酒店和云上四季酒店四大品牌，截至 2014 年第一季度末，已在全国 300 多个城市拥有连锁酒店 2 300 家。作为中国酒店业海外上市第一股，如家始终以顾客满意为基础，以成为"大众住宿业的卓越领导者"为愿景，向全世界展示着中华民族宾至如归的"家"文化服务理念和民族品牌形象。

案例陈述

1999 年，由沈南鹏、梁建章、季琦和范敏四人创建了携程网，这 4 个人也被称为"携程四君子"，由于利润可观，后续创办了如家酒店，如下图所示。

2003 年 2 月，IDG 和 AsiaStar IT Fund（由美国梧桐投资公司管理）对如家进行了第一轮私募股权投资。IDG 以每股 46.40 美元的价格获得 32 328 股可转换有限股，涉及融资金额 150 万美元。美国梧桐投资购买 53 879 股，计涉及 250 万美元。同年 4 月，如家通过 1∶200 可转换优先股决议，IDG 拥有如家 6 465 600 股优先股，美国梧桐拥有 10 775 800 股，并决议这些优先股在如家 IPO 时自动转换成普通股。就此，如家完成第一轮融资。

2003 年 11 月，IDG 和美国梧桐对如家进行了第二轮融资，每股

0.330 9 美元，IDG 获得 906 617 股可转换优先股，涉及金额 30 万美元，美国梧桐获得 15 110 285 股，涉及金额 50 万美元，如家完成第二轮融资。

2005 年 1 月，另外一家私募股权机构——海纳亚洲创投基金向如家投资，以每股 1.531 美元的价格获得 3 265 841 股可转换优先股，共投资 500 万美元，如家完成了上市前的最后一轮融资。

2006 年 10 月 26 日，如家快捷酒店正式在美国纳斯达克证券交易所挂牌上市。上市当日报收 22.5 美元，相较于 13.8 美元的发行价格票上涨了 63%，发售了 790 万份美国存托凭证，总计募集资金 1.09 亿美元。表 7-3 所示为如家 IPO 前股权结构图和 IPO 后股权结构。

表 7-3　如家 IPO 前后的股权结构变化

持股人	IPO 前持股	IPO 前所占比例	IPO 后持股	IPO 后所占比例
董事和高管	11 340 601 股	20.72%	11 340 601 股	17.58%
Poly Vioctory 投资公司	13 364 140 股	24.45%	13 364 140 股	10.73%
AsiaStar IT 基金	12 286 828 股	22.46%	8 600 780 股	13.34%
IDG 投资	7 372 217 股	13.48%	5 160 552 股	8.00%
季琦	4 411 294 股	8.06%	4 411 294 股	6.84%
chung Lau	4 033 342 股	7.37%	4 033 342 股	6.26%
Susquehanna 中国投资	2 873 940 股	5.25%	2 873 940 股	4.46%
Kangaroo 投资	130 633 股	小于 1%	无	无

公司高层管理团队（含董事）在上市之前持有 20.72% 的股份，上市后最终持有 17.58%。可以看出高管们对于控股并不看重，相较于企业的控股权，他们更为看重的是企业的快速扩张发展，以及之后上市的高额获利。如家从一家中小企业迅速成长成为中国最大的经济型连锁酒店，其中资本的力量起到了决定性的推动作用。而采用的私募股权融资的方式为如家解决外部融资问题的同时，还带来了增值服务。

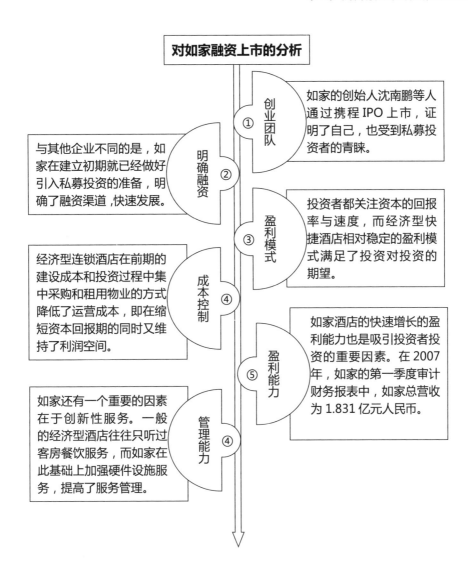

◎ 餐饮领导者——小肥羊上市

　　小肥羊是中国领先的全套服务连锁餐厅营运商，拥有全国性的餐厅网络，被誉为"中华火锅第一股"。一间小小火锅店，经过 10 年的发展，成为中国餐饮业的一面旗帜，其融资过程独具特色，值得研究。

案例陈述

1999 年 8 月，小肥羊诞生于内蒙古包头市，"小肥羊火锅"将延续了千百年的蘸着小料涮羊肉食法，改革为"不蘸小料涮羊肉"的新食法。锅底汤料选用滋补调味品，选用纯天然的羊肉，将两者巧妙进行结合，形成了具有浓厚蒙古族餐饮文化特色的火锅新品牌，如下图所示。

短短 10 年的时间里，小肥羊成为中国首家在香港上市的品牌餐饮企业，其中少不了私募股权机构的推波助澜。

2005 年年底，小肥羊在加盟连锁模式下已经成功地积累了一定的资本，然而此时的小肥羊进入了发展的瓶颈阶段。一方面是国际化的扩张没有突破；另一方面，加盟连锁特许经营模式下快速扩张的企业相应的管理并没有得到系统化。使得加盟店与直营店之间存在不小的差距，这严重损害了小肥羊的品牌形象。于是在 2002 年年底，小肥羊开始进入内部整理，加盟政策变为"以直营为主，规范加盟"。2003年年初，小肥羊董事会做出了暂停加盟业务的决定，对加盟市场进行了大范围的整顿。这次转型整顿之后，小肥羊的规模迅速减少，如下图所示。

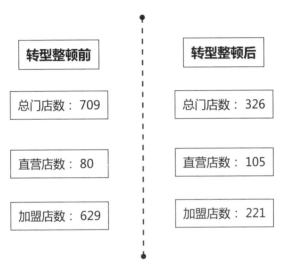

小肥羊管理层意识到，仅靠小肥羊自身的流动资金和银行贷款已经远远不够，便决定引入战略投资者，利用其资金、资源来实现自身的发展。

2006 年 6 月，小肥羊与 3i 及另外一家来自西班牙的风险投资机构普凯达达成协议，3i 和普凯对小肥羊分别投资 2 000 万美元和 500 万美元，两家外资在小肥羊中所占股份为 20% 左右，其他股份为个人出资，而小肥羊创始人张某及陈某的股权稀释到不足 40%，就此小肥羊完成第一轮融资。

在进行了一系列巧妙的股权安排之后，2008 年 6 月 12 日，小肥羊集团有限公司在香港联交所主板挂牌上市，成为首家在香港上市的品牌餐饮企业。此次 IPO 共公开发行股票 2.45 亿股，募集资金 7.797 亿港元。

私募投资小肥羊的原因分析

新颖的吃法。小肥羊采用创新型"不蘸小料一招鲜"的火锅吃法，解决了原材料集中供应和店面快速扩张的矛盾，也保证了顾客到任何一家连锁店里吃到的火锅都是同样的口感。这样新颖的方式在吸引顾客的同时，也成功地吸引了投资者的目光。

连锁经营模式。小肥羊采用连锁经营的模式快速扩张，使得小肥羊火锅店在国内迅速流行，并且一举成为知名企业。这对投资者而言当然也具有极大的吸引力。

餐饮市场的巨大空间。随着国民财富的急剧膨胀，餐饮业已成为近年来国内传统行业中发展最快的行业之一。

通过分析可以看出，小肥羊正是利用自身的优势来吸引私募投资者的目光，引进私募资金扩展企业，加速企业的发展，直至成功上市。这一点值得国内许多在市场上已经做出了一定成绩且愿意通过权益融资来扩大规模的企业进行借鉴。

第 8 章

对融资企业的投后管理

私募股权投后管理也是私募股权投资重要的一部分，有的融资企业经营者认为私募投资机构对企业进行投后管理是对自己企业实控权的威胁，其实不然，积极有效的投后管理往往能够使投资项目发展得更顺畅。

私募股权投后管理的重要性研究

很多私募股权机构在完成项目投资之后很少管理融资企业，只通过定期或不定期的财务报表来查看企业的发展情况，这往往也是造成投资失败的重要原因，所以私募股权对融资企业的管理是有必要且非常重要的。

◎ 私募股权投资并非"一锤子买卖"

"交易完成之时，就是工作开始之日"，这句话很好地对投后管理进行了解释。投后管理并非是私募股权投资中的附带品，它是项目投资周期中的重要组成部分，也是私募股权基金"募集、投资、管理及退出"这四点中的一点，在完成项目尽职调查并实施投资后，直至项目退出之前都属于投后管理的阶段。

由于被投资企业面临的市场环境一直处于不断变化之中，所以市场环境势必会影响到被投资企业的发展，增加被投资项目的发展难度。而投后管理正是为了管理或者降低投资项目的风险而进行的一系列活动。同时，投后管理也关系着私募股权机构退出方案的实现，良好的投后管理将会从主动层面减少或消除潜在的投资风险，实现投资的保值、增值，因此投后管理对于投资工作具有十分重要的意义。

投后管理的工作内容

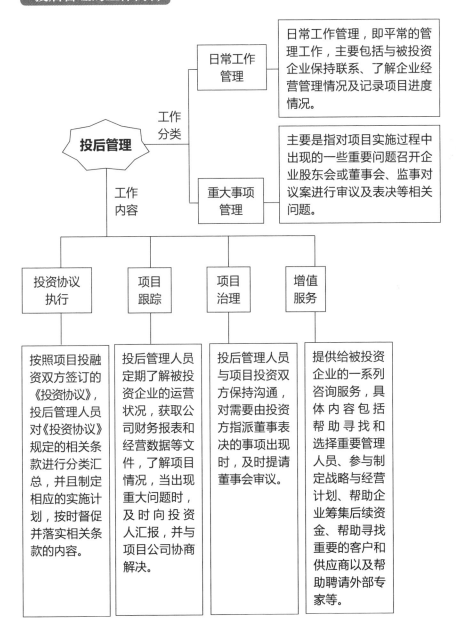

投后管理原则

投后管理六大原则

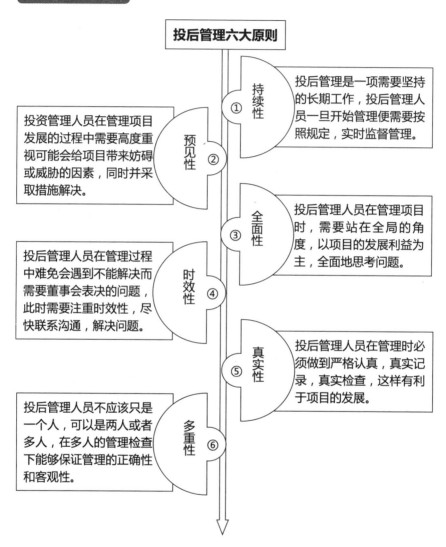

① 持续性
投后管理是一项需要坚持的长期工作，投后管理人员一旦开始管理便需要按照规定，实时监督管理。

② 预见性
投资管理人员在管理项目发展的过程中需要高度重视可能会给项目带来妨碍或威胁的因素，同时并采取措施解决。

③ 全面性
投后管理人员在管理项目时，需要站在全局的角度，以项目的发展利益为主，全面地思考问题。

④ 时效性
投后管理人员在管理过程中难免会遇到不能解决而需要董事会表决的问题，此时需要注重时效性，尽快联系沟通，解决问题。

⑤ 真实性
投后管理人员在管理时必须做到严格认真，真实记录，真实检查，这样有利于项目的发展。

⑥ 多重性
投后管理人员不应该只是一个人，可以是两人或者多人，在多人的管理检查下能够保证管理的正确性和客观性。

◎ 私募股权投后管理团队关注的点

投资是短周期行为，但是投后管理却是长周期行为。随着专业度的不断提高，投后管理团队对被投资企业的认知度会高于投资决策人。

投资管理团队会从多方面管理被投资企业，为其带来帮助，使投资项目进行得更加顺畅。

投后管理的管理领域

人才

被投资的企业常常处于初创阶段，缺乏一些专业领域的人才，但是投资人人际关系广泛，其背景与专业性常常能够为被投资企业吸引或引荐到专业人才，创造价值。投后管理团队在日常的管理工作当中更容易发现被投资企业所缺乏的专业人才类型。

除人才之外，投后管理团队还会对投资方投入的资金进行管理，查看资金在投资项目中的花费情况。真正的投后管理人员会帮助被投资企业的创始人把握融资的节奏及开拓融资的渠道等。

资金

资源

私募股权投资机构除了能够给被投资企业带来资金方面的帮助之外，还能够给企业带来一些急需的资源。从投后管理团队的管理工作中能够发现被投资企业在某些方面资源不足的情况，从而通过私募股权投资机构获得。例如介绍技术、商务及政策优惠等资源。

被投资企业往往具有较好的产品优势或是技术优势，但是在具体的发展上存在一些不确定性。而私募股权投资者一般在投资的领域有一定的研究，在投后管理中，可以根据企业的发展情况向企业指引发展方向，进而为企业带来增值。

方向

◎ KKR 的三步投后管理

KKR 成立于 1976 年，是美国甚至全球范围内历史最悠久的私募股权投资机构之一，拥有丰富的投资管理经验。企业价值总额超过5 000 亿美元，截至 2016 年 6 月 30 日，管理资产规模达 1 310 亿美元，完成超过 335 笔私募股权交易，内部回报率达 26%。下面通过 KKR 的投资案例来分析其投后管理。

案例陈述

20 世纪 80 年代中期，美国食品连锁店成为各大企业兼并的受宠对象，因为收购者从连锁店高额的人力资本和流动资本的投入中看到了大幅度削减成本的机会，同时连锁店又很容易被分割出售。所以，Safeway 连锁超市就这样出现在了 KKR 的眼中。

Safeway 遍及美国本土 29 个州及欧洲、中美洲和中欧等地区，超过 2 300 多家连锁店。1986 年由哈福特家族掌握的达特集团购买了 1.45 亿美元的 Safeway 股票，1987 年 7 月下旬，KKR 以每股 69 美元买下整个公司，交易额达 41 亿美元。而 KKR 只筹集了 150 万美元，按照他们与投资者达成的共识与惯例，通过杠杆效益拥有了 Safeway 公司 20% 的股权。KKR 投资 Safeway 后便发现企业存在一些问题，随即对其进行了投后管理，如表 8-1 所示。

表 8-1　KKR 投资 Safeway 后的投后管理方案

存在的问题	解决方案
Safeway 的管理层激励体系存在不足，管理层只重视公司销售额而忽略了成本及效率等因素	KKR 依照惯例增加了管理层的持股比例，同时改革激励政策制度，以市场价值返回率 ROMV 替代销售额。这一措施要求管理层控制成本，同时重视经营、劳动效率及控制库存，以获利能力与资产效率等指标代替增长率后，Safeway 增长势头重现
Safeway 持有的大量房地产资源并没有得到管理，而其中许多房产具有开发和租赁的价值	KKR 求助于一家地产信托公司，委托其组建了一家联合房地产合伙企业处理 Safeway 的房地产开发问题，根据 Safeway 的经营情况对房地产进行出售、转换和租赁，从而强化其房地产价值，并在税收上获得了回报

续表

存在的问题	解决方案
Safeway 在长时间内不具有发展潜力的商店现代化业务上进行了资本投资，但其会计部门不关心各个事业部门的投资回报率	为了改善 Safeway 的经营情况，KKR 邀请第三方咨询公司做顾问，帮助 Safeway 消减经营成本，合理化公司的分配、定价及控制系统。通过对比不同事业的市场价值回报，Safeway 出售了英国、盐湖城及达拉斯等多个事业部，涉及 1 000 多家商店

　　Safeway 在 1990 年重新上市，但 KKR 公司并没有出售其股票。只是在此之前，通过销售不属于 Safeway 连锁超市的资产及在欧洲的业务部门共得到了 24 亿美元，超过估价的 40%。

　　KKR 的耐心在 20 世纪 90 年代后期得到了回报，它在 1996 年～1999 年，二级市场销售中，出售了 50 亿美元的 Safeway 股票，同时仍然持有 20 亿美元的西夫纬股票。

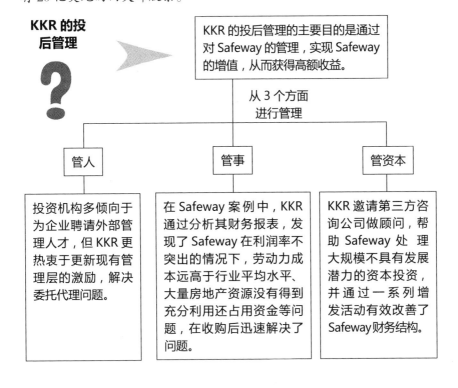

私募股权投资投后管理的开展

现在国内的私募股权投资市场已经不是早前的"重投不重管"的局面了，许多融资企业经营者期望能够通过私募股权机构的投后管理帮助企业快速实现发展增值，所以纷纷关注起投后管理的开展工作。

◎ 保持亲密——高频互动

私募股权投资者需要与被投资企业保持亲密关系，了解被投资企业的动态及项目发展的情况，包括项目发展过程中遇到的一系列问题。双方既像情侣一般亲密，又像朋友一般自在，能够准确地说出对方的缺点，但又能心平气和地接受并改正所有缺点。

通常，私募股权投资机构与被投资企业会按照投资协议，通过月度、季度、半年度及年度的财务报表的形式进行沟通，但是在实际投资过程中，这样的互动是远远不够的。简单看看报表，或者小半年走访一次的频率只适合处于发展中后期的创业公司，对于处于早期发展的投资项目而言，这个频率过低。

高频互动的内容

高频率的互动能够及时发现项目或被投资企业发展过程中存在的问题并及早解决，为接下来的工作做好准备。

作用

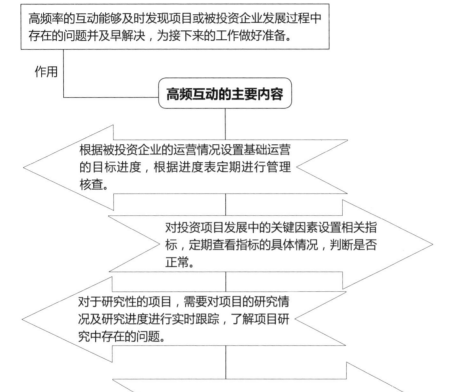

高频互动的主要内容

根据被投资企业的运营情况设置基础运营的目标进度，根据进度表定期进行管理核查。

对投资项目发展中的关键因素设置相关指标，定期查看指标的具体情况，判断是否正常。

对于研究性的项目，需要对项目的研究情况及研究进度进行实时跟踪，了解项目研究中存在的问题。

被投资企业资金不足时，需要实时了解融资的进展，融资的渠道及融资的金额等。

◎ 明确优先主次——分层管理

凡事都有轻重缓急之分，在投后管理的工作上尤是如此。首先需要根据高频率互动得到的数据，明确问题的优先主次之分，然后根据数据建立分层体系，进行分层管理。

私募投资机构不会只投资一个企业或者一个项目，因此需要依照分层体系将不同的项目分为不同层次，从而进行不同层次的管理，有利于投后人员精力的聚焦化。投后管理人员可以根据企业的运营状况、投融资需求及团队状况等将企业分为 A、B、C、D 和 E 五个不同的等级，并且通过每一次的企业回访对分层数据进行实时更新。

分层管理的层次性

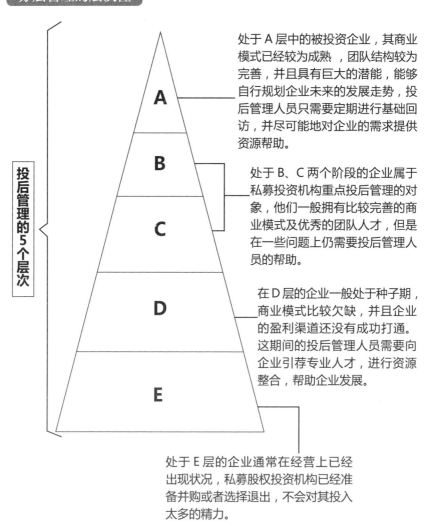

处于 A 层中的被投资企业，其商业模式已经较为成熟，团队结构较为完善，并且具有巨大的潜能，能够自行规划企业未来的发展走势，投后管理人员只需要定期进行基础回访，并尽可能地对企业的需求提供资源帮助。

处于 B、C 两个阶段的企业属于私募投资机构重点投后管理的对象，他们一般拥有比较完善的商业模式及优秀的团队人才，但是在一些问题上仍需要投后管理人员的帮助。

在 D 层的企业一般处于种子期，商业模式比较欠缺，并且企业的盈利渠道还没有成功打通。这期间的投后管理人员需要向企业引荐专业人才，进行资源整合，帮助企业发展。

处于 E 层的企业通常在经营上已经出现状况，私募股权投资机构已经准备并购或者选择退出，不会对其投入太多的精力。

分层管理的目的

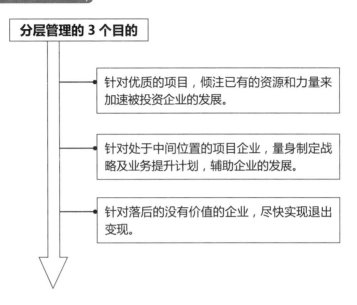

分层管理的 3 个目的

针对优质的项目，倾注已有的资源和力量来加速被投资企业的发展。

针对处于中间位置的项目企业，量身制定战略及业务提升计划，辅助企业的发展。

针对落后的没有价值的企业，尽快实现退出变现。

◎ **借鸡生蛋——资源资本对接**

这里的"借鸡生蛋"是指被投资企业借助私募股权投资机构的资源与资本来实现企业自身的发展。资本注入是私募股权投资者能够提供给被投资企业的最直接帮助，除此之外的关联性资源对接也能够加速企业的发展。

资源对接的分类

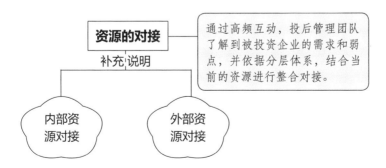

资源的对接

补充 说明

通过高频互动，投后管理团队了解到被投资企业的需求和弱点，并依据分层体系，结合当前的资源进行整合对接。

内部资源对接

外部资源对接

内部
资源对接

私募股权投资机构在投资之初就确定了基金的投资行业和方向，对于创业企业而言，可能处于一个刚开始发展的阶段，很多资源并不充足，但是私募股权机构在这方面拥有许多内部资源，可以给予创业企业资源帮助。

外部
资源对接

在外部资源对接上并没有过多的限制，因此还是基于私募股权投资机构投资的主要领域，可定制化地搜罗外部资源，然后提供给创业企业，从多个方面帮助创业企业快速发展。

**投资企业
资本对接**

含义

资本对接，换句话说，就是要清楚被投资企业资金的具体情况。

投后管理人员在资本对接中，类似于财产顾问的角色，需要从多个方面了解企业，帮助企业完成融资。

包括

被投资企业的商业模式

当前的发展情况

融资规划

投资方向

投资轮次

投后管理中的问题项目"信号"

私募股权投资机构的投后管理人员通常在这方面比较有经验，所以在管理的过程中容易发现融资企业存在的问题。这些问题尽早发现并及时解决，不仅有利于私募投资机构，同时也有利于融资企业。

◎ 问题项目出现的征兆

通常情况下，问题项目并不是一朝一夕出现的，只要多留心就能够在平常的管理中发现问题项目出现的征兆，尽早地发现这些问题征兆，不管是对于私募股权投资机构，还是对于被投资企业都是有利的。

问题项目的征兆

价格和市场份额变化情况	被投资企业的销售量下降造成盈利下降，销售量增长盈利下降或增长缓慢、市场所占份额萎缩等都说明该企业出现了问题。导致企业出现这些问题的因素有很多，投后管理人员需查明原因，重新定位产品，挖掘新的市场。

强有力的竞争者出现	在投后管理的过程中发现市场出现了强有力的竞争者抢占市场份额，投后管理人员就必须知道被投资企业如何改变这一情况，维持市场地位。针对每次市场上出现的技术变革，企业也需要有自己的应对措施。
员工问题突出	投后管理人员管理被投资企业，除了查看投资项目的发展进度之外，查看企业的人力资源问题也是重要的任务。如果一个企业的员工频繁出现离职、罢工或者不满情绪，那么说明这个企业的经营者缺乏领导能力，企业很可能是有问题的。
企业缺乏详细的发展计划	虽然私募股权投资机构在投资之后会通过投后管理团队给予被投资企业一定帮助，但是真正掌握企业发展的仍然是企业的经营者。如果投后管理人员在之后的管理中发现经营者并没有详细可操作的发展计划，无法控制企业的发展方向，那么也就预示企业将出现问题。
客户关系的维系情况	对被投资企业而言，由于企业正处于上升期，客户资源也处于一个积累的阶段，这时候良好的客户关系能够帮助企业得到快速发展。如果投后管理人员发现企业与顾客的关系僵化甚至是恶化，那么说明这个企业出现问题了。
财务报表显示亏损	如果被投资企业的财务报表显示出现亏损，这时候私募股权投资机构必定会引起重视，会对亏损的原因进行分析，如亏损是暂时性的现象，还是趋向性的常态，被投资企业针对这一现象能否扭亏为盈，时间周期大概是多长，这些都需要详细了解。
比率分析出现问题	其实，很多企业早期的问题征兆都能够在比率分析中体现出来，其中包括流动比率、股权与总资产之比、流动资金周转率及负债率等。每一个比率都会告诉私募股权投资机构被投资企业的发展状况。

◎ 特别注意的"红色信号"

除了一些明显的预示问题信号之外，还有一些需要特别注意的属于红色危险信号的问题。

需要注意的重大问题

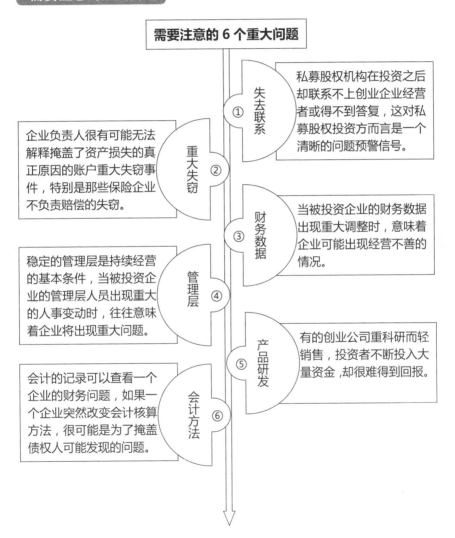

需要注意的 6 个重大问题

① 失去联系：私募股权机构在投资之后却联系不上创业企业经营者或得不到答复，这对私募股权投资方而言是一个清晰的问题预警信号。

② 重大失窃：企业负责人很有可能无法解释掩盖了资产损失的真正原因的账户重大失窃事件，特别是那些保险企业不负责赔偿的失窃。

③ 财务数据：当被投资企业的财务数据出现重大调整时，意味着企业可能出现经营不善的情况。

④ 管理层：稳定的管理层是持续经营的基本条件，当被投资企业的管理层人员出现重大的人事变动时，往往意味着企业将出现重大问题。

⑤ 产品研发：有的创业公司重科研而轻销售，投资者不断投入大量资金，却很难得到回报。

⑥ 会计方法：会计的记录可以查看一个企业的财务问题，如果一个企业突然改变会计核算方法，很可能是为了掩盖债权人可能发现的问题。

◎ 对问题的理性应对

投后管理团队对于已经出现的问题，或者预计可能出现重大问题的企业，在发现之后要及时查明出现这类问题的原因，尽快找出企业的问题，采取应对策略，从而降低投资成本。

解决问题的方法

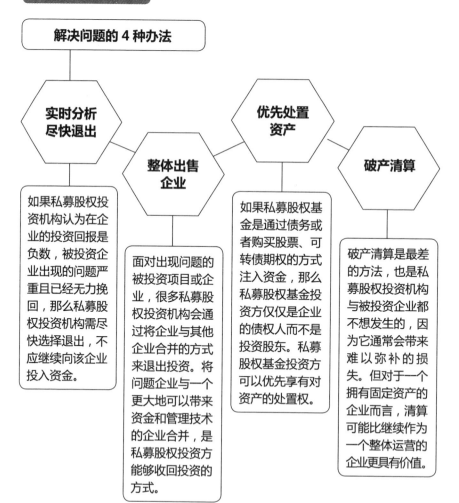

解决问题的 4 种办法

实时分析尽快退出

如果私募股权投资机构认为在企业的投资回报是负数，被投资企业出现的问题严重且已经无力挽回，那么私募股权投资机构需尽快选择退出，不应继续向该企业投入资金。

整体出售企业

面对出现问题的被投资项目或企业，很多私募股权投资机构会通过将企业与其他企业合并的方式来退出投资。将问题企业与一个更大地可以带来资金和管理技术的企业合并，是私募股权投资方能够收回投资的方式。

优先处置资产

如果私募股权基金是通过债务或者购买股票、可转债期权的方式注入资金，那么私募股权基金投资方仅仅是企业的债权人而不是投资股东。私募股权基金投资方可以优先享有对资产的处置权。

破产清算

破产清算是最差的方法，也是私募股权投资机构与被投资企业都不想发生的，因为它通常会带来难以弥补的损失。但对于一个拥有固定资产的企业而言，清算可能比继续作为一个整体运营的企业更具有价值。

◎ 提高投后管理的价值

通常，私募股权基金安排的投后管理团队并不是简单的一个小组或者一个部门，往往设置多个职能部门，彼此负责不同的工作职能，互相监督，共同管理。但是投后管理的各个职能部门之间的价值差别很大，所以在一定程度上也制约着投后管理的价值。

改变投后管理的因素

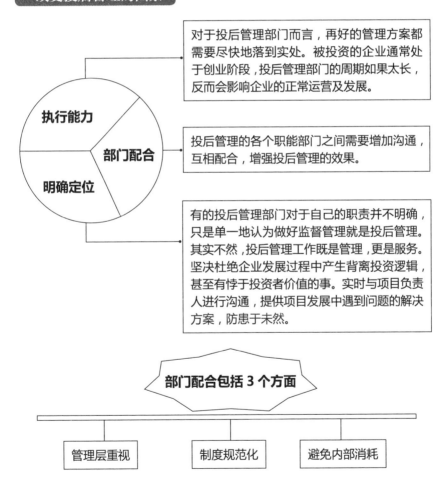

执行能力

部门配合

明确定位

对于投后管理部门而言，再好的管理方案都需要尽快地落到实处。被投资的企业通常处于创业阶段，投后管理部门的周期如果太长，反而会影响企业的正常运营及发展。

投后管理的各个职能部门之间需要增加沟通，互相配合，增强投后管理的效果。

有的投后管理部门对于自己的职责并不明确，只是单一地认为做好监督管理就是投后管理。其实不然，投后管理工作既是管理，更是服务。坚决杜绝企业发展过程中产生背离投资逻辑，甚至有悖于投资者价值的事。实时与项目负责人进行沟通，提供项目发展中遇到问题的解决方案，防患于未然。

部门配合包括 3 个方面

| 管理层重视 | 制度规范化 | 避免内部消耗 |

**管理层
重视**　私募股权投资机构应对该投后管理部门适度放权，让投后管理部门切实有效地对投资项目进行监管，而不是当被投资项目出现重大问题时才凸显价值。对于投后管理部门在监管过程中发现的问题，应该引起私募股权投机资构管理层的重视。

部分投资机构并没有明确各自的职责和时间节点，造成项目融资后的混乱，也加大了项目展开的难度。所以投资机构，尤其是一些小型的投资机构，在忙于奔波项目的同时，也需要建立一套完善的内部管理系统，规范化流程操作。　**制度规
范化**

**避免内
部消耗**　投后管理与投前是一个整体互动关系，双方在衔接时，不仅是简单的资料联系人对接，更多的是被投资企业的投资逻辑和商业思路对接，一旦对接不充分，或者是投后管理部门无法认同，则很容易造成投后管理人员的价值无法发挥出来，消耗企业内部资源。

第9章
私募如何退出融资企业

融资企业获得私募股权投资资金，迅速发展，进入轨道之后，私募股权投资机构就会寻求退出机会。私募股权投资机构的退出不仅对其本身非常重要，对于融资企业同等重要，因为其中不仅关系到投资者的收益问题，也关系到融资企业的股权结构问题。

投资人最喜欢的退出方式——IPO

上市退出（IPO）是融资企业和私募股权投资机构最喜闻乐见的一种退出方式，上市的收益来源于企业的盈利和资本利得。另外，采用首次公开上市这种退出方式可以保持企业的独立性，也可以获得在证券市场上持续融资的机会，私募股权投资基金则可获得非常多的投资回报。

公开 IPO 指的是私募股权投资基金通过被投资企业公开上市，将拥有的私人权益转换成为公共股权，在获得市场认可之后转手以实现资本的增值。

私募股权上市退出的渠道

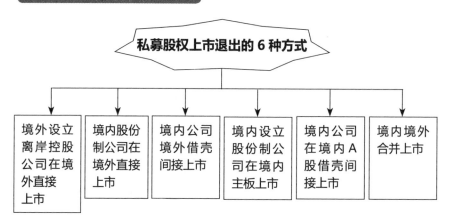

私募股权上市退出的 6 种方式

境外设立离岸控股公司在境外直接上市	境内股份制公司在境外直接上市	境内公司境外借壳间接上市	境内设立股份制公司在境内主板上市	境内公司在境内 A 股借壳间接上市	境内境外合并上市

◎ 中小企业境内上市的条件

随着国内证券市场多层次市场体系的逐步完善，中小企业也面临着越来越多的上市机会。企业要抓住这些机会，通过上市提升企业的经济竞争力首先需要了解中小企业境内上市的条件。

IPO 发行中对发行人的要求

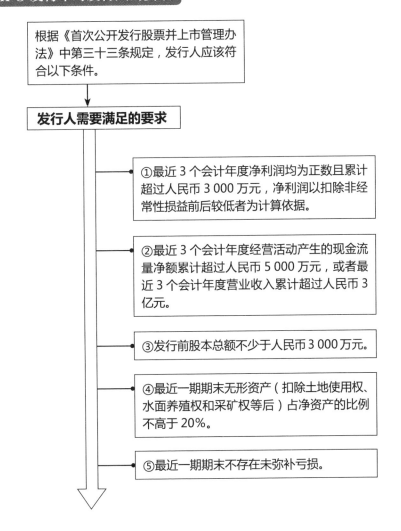

根据《首次公开发行股票并上市管理办法》中第三十三条规定，发行人应该符合以下条件。

发行人需要满足的要求

①最近 3 个会计年度净利润均为正数且累计超过人民币 3 000 万元，净利润以扣除非经常性损益前后较低者为计算依据。

②最近 3 个会计年度经营活动产生的现金流量净额累计超过人民币 5 000 万元，或者最近 3 个会计年度营业收入累计超过人民币 3 亿元。

③发行前股本总额不少于人民币 3 000 万元。

④最近一期期末无形资产（扣除土地使用权、水面养殖权和采矿权等后）占净资产的比例不高于 20%。

⑤最近一期期末不存在未弥补亏损。

中小企业境内上市的条件

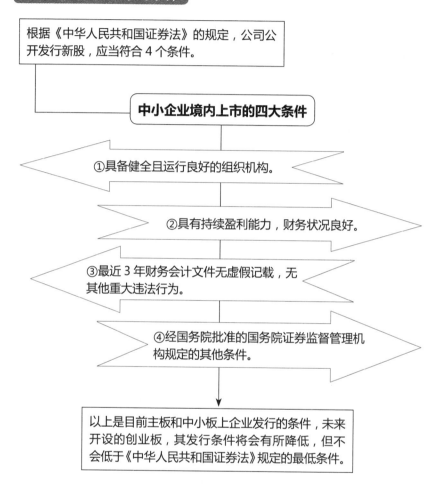

根据《中华人民共和国证券法》的规定，公司公开发行新股，应当符合 4 个条件。

中小企业境内上市的四大条件

①具备健全且运行良好的组织机构。

②具有持续盈利能力，财务状况良好。

③最近 3 年财务会计文件无虚假记载，无其他重大违法行为。

④经国务院批准的国务院证券监督管理机构规定的其他条件。

以上是目前主板和中小板上企业发行的条件，未来开设的创业板，其发行条件将会有所降低，但不会低于《中华人民共和国证券法》规定的最低条件。

◎ 中小企业境内上市的程序

中小企业在已经满足上市条件的情况下，需要经过一系列的程序才能够在境内成功上市。《中华人民共和国公司法》、《中华人民共和国证券法》、中国证监会及证券交易所都颁布有明确的规则。

中小企业境内上市的步骤

①改制与设立股份有限公司

拟定改制重组方案，聘请保荐机构（证券公司）、会计师事务所、资产评估机构和律师事务所等中介机构对改制重组方案进行可行性论证，对拟改制的资产进行审计、评估，签署发起人协议和起草公司章程等文件，设立规范的股份有限公司。

②保荐机构和其他中介机构对公司进行辅导

包括尽职调查、问题诊断、专业培训和业务指导等，完善企业组织结构和内部管理，规范企业行为，明确业务发展目标和募集资金投向，按照发行上市条件，对存在的问题进行整改，准备首次公开发行的申请文件。

③申请文件申报和受理

企业和所聘请的中介机构按照证监会的要求制作申请文件，保荐机构进行内核并负责向证监会尽职推荐。证监会在 5 个工作日内受理符合申报条件的申请文件。

④申请文件的审核

证监会对正式受理的申请文件进行初审，同时征求发行人所在地省级人民政府和国家发改委意见，向保荐机构反馈审核意见，保荐机构组织发行人和中介机构对反馈的审核意见进行回复或整改。初审结束后至发行审核委员会审核前，进行申请文件预披露，最后提交给发行审核委员会审核。

⑤**路演、询价与定价**

发行申请经发行审核委员会审核通过后，中国证监会进行核准，企业在指定报刊上刊登招股说明书摘要及发行公告等信息，证券公司与发行人进行路演，向投资者推介和询价，并根据询价结果协商确定发行价格。

⑥**发行与上市**

根据中国证监会规定的发行方式公开发行股票，向证券交易所提交上市申请，办理股份的托管与登记，挂牌上市。上市后由保荐机构按规定负责持续督导。

◎ 国内企业的境外上市

目前国内的资本市场尚且不够发达，限制条件也比较多，企业境内上市普遍比较困难。由于缺乏多层次的资本市场，导致很多企业并没有正常的退出渠道，股权也没有一个正常的流通渠道，所以到境外上市。

对于国内企业而言，最主要的境外地点集中在香港、美国及英国。而国内的企业境外直接上市，除了需要满足当地上市法律法规的要求和有关交易所对企业发行上市的具体规定之外，还需要满足国内证监会对境外上市企业的一些基础性规定。

境外上市的基本条件

企业境外上市需要满足的基本条件

- 符合我国有关海外上市的法律、法规和规则。

- 筹资用途符合国家产业政策、利用外资政策及国家有关固定资产投资立项的规定。

- 净资产不少于 4 亿元人民币，过去一年税后利润不少于 6 000 万元人民币，并有增长潜力，按合理预期市盈率计算，筹资额不少于 5 000 万美元。

- 具有规范的法人治理结构及较完善的内部管理制度，有较稳定的高级管理层及较高的管理水平。

- 上市后分红派息有可靠的外汇来源 符合国家外汇管理的有关规定。

- 证监会规定的其他条件。

纽约证券交易所上市要求

持股数和业务记录

公司最少要有 2 000 名股东（每名股东拥有 100 股以上）；或 2 200 名股东（最近 6 个月月平均交易量为 10 万股）；或 500 名股东（最近 12 个月月平均交易量为 100 万股）；至少有 110 万股的股数在市面上为投资者所拥有（即公众股 110 万股及以上）

上市前两年，每年税前收益为 200 万美元，最近一年税前收益为 250 万美元；或 3 年必须全部盈利，税前收益总计为 650 万美元，最近一年最低税前收益为 450 万美元；或最近一个会计年度市值总额不低于 5 亿美元且收入达到 2 亿美金的公司：3 年调整后净收益合计 2 500 万美元（每年报告中必须是正数）。

盈利要求

其他方面要求

最低市值总值：公众股市值为 4 000 万美元，有形资产为 4 000 万美元；上市企业类型：面向成熟企业；采用会计准则：美国一般采用公认会计原则；公司注册和业务低点：没有具体规定；公司经营信息披露规定：遵守交易所的年报、季报和中期报告制度。

企业在伦敦上市发行股票要求

①保荐人

每一家申请上市的公司都必须由一家保荐人代表，保荐人通常是投资银行、股票经纪行、律师事务所或会计师事务所。保荐人必须达到某些资格要求，其职能包括负责公司与 UKLA 之间的联络，并在整个上市过程中向公司提供指导。

②经营记录

申请在伦敦上市的公司，通常须有至少 3 年的经营记录。不过，UKLA 的规定亦允许某些类型的公司——如基于科研的公司和高科技创新企业——在经营记录不到 3 年但能达到某些附加要求的情况下上市。

③公众持票

公司的市值应至少有 70 万英镑（约 100 万美元），而且通常至少有 25% 的股票由与企业无关联的人士持有。

④控股股东

UKLA 还需要确信公司能作为独立实体运营，尤其是有一个控股股东。

⑤招股说明书

公司及其顾问必须根据 UKLA《上市细则》的要求编写招股说明书。招股说明书提供的信息须足以让潜在投资者对上市公司及其股票做出有根据的决策。招股说明书必须提供的信息包括：经过独立审计的财务数据、董事薪水、合同细节及关于主要股东的信息。

⑥持续性义务

公司在股票上市和交易后，必须在持续性基础上履行一系列义务。此等义务包括在指定期限内提供半年财务报表和经过独立审计的全年财务报表，并及时向市场公布任何价格敏感信息。

香港联合证券交易所上市规定

香港联合证券交易所的上市规定

香港市场对于国内企业的吸引力，在于它是在同一文化背景下的、最成功的国际资本市场，与投资者比较容易沟通。同时由于联交所已经和美国 NASDAQ 签署了备忘录，一些股票可以同时在两地上市交易，这也为渴望更大规模融资的国内企业增加了机会。

公众持股数与业务

（1）市值少于 40 亿港元，公众持有股份至少 25%；（2）市值在 40 亿港元以上，由交易所酌情决定，但一般不会低于 10% 或 10% ~ 25%，每发行 100 万港元的股票，必须由不少于 3 人持有，且每次发行的股票至少由 100 人持有。

盈利要求

最近一年的收益不得低于 2 000 万港元，且前两年累计的收益不得低于 3 000 万港元（上述盈利应扣除非日常业务所产生的收入及亏损）。

其他方面

最低市值：上市时预期市值不得低于 1 亿港元；上市公司类型：吸收海内外优质成熟的企业；采用会计准则：香港及国际公认的会计原则；公司注册和业务地点不限；公司经营信息披露规定：申报会计师报告的最后一个财政年度的结算日期距上市文件刊发日期不得超过 6 个月。

未来最重要的退出方式——并购

相对而言，并购退出所获得的投资收益比 IPO 方式低，但是却有明显的优势。融资企业一是能够消除竞争对手，取得协同效应；二是能够有效避免破产，同时增加企业竞争力。对于私募投资机构而言，并购可达到一次性全部退出，加速私募股权基金的循环。另外，并购退出成本低、手续简单。

◎ 处于主流的退出方式

并购是指一个企业通过购买其他企业的全部或部分股权或资产，从而影响、控制其他企业的经营管理。并购主要分为正向并购和反向并购，正向并购是指为了推动企业价值持续快速提升，将并购双方对价合并，投资机构股份被稀释之后继续持有或者直接退出；反向并购就是以退出为目标的并购，也就是主观上兑现投资收益的行为。

私募股权基金的退出即反向并购，当被投资企业的发展难以达到公开上市所要求的条件，或投资机构认为被投资企业的发展前景不容乐观时，投资机构就会同投资者接触，寻求在私人权益市场上出售其拥有的被投资企业的股份。

并购的不同方式

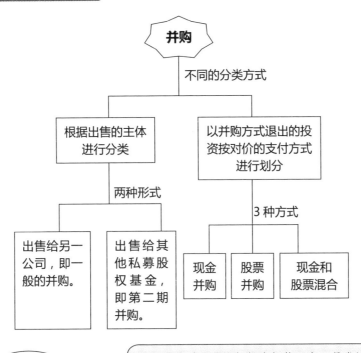

一般并购
的类型 ····· 补充说明

一般并购对私募股权投资机构而言，是常被运用的退出方式。据统计，一般并购的总量比IPO还多，但是其收益仅大约为IPO的1/5。

三种类型

横向兼并
是指在同种商业活动中经营和竞争的两家企业之间的并购，其目的在于消除竞争，扩大市场份额，增加并购企业的垄断实力或形成规模效应。

纵向兼并
是指的处于生产经营不同阶段的企业之间的并购。即能够与本企业生产、营销过程紧密相关的收购过来，形成纵向生产一体。

混合兼并
是指既不是竞争对手也不是供应商或客户的企业间的兼并，其主要目的在于减少长期经营一个行业所带来的风险。

第二期并购

有的人或许对第二期并购并不理解，为什么转售给其他的私募机构？

私募股权机构可能出于种种原因急于从创业企业中撤资，而风险企业在其发展到一定规模之前，外界其实很难评判该企业的经营前景，因而难以对风险企业进行合理的估价。但是作为行业内其他私募股权投资机构能够对其进行准确的评判，一旦认为具有投资价值，便会从原有的私募股权投资机构手中购买该企业。

案例补充

联合资本公司曾经投资于一个广告公司，后期该广告公司出现经营问题，并且停止增长。联合资本因为这一情况，希望能够快速从该公司退出，所以联系到另一家私募股权投资公司（第二家），经过前期的调查，私募基金认为公司具有投资价值，于是从联合资本手中购买了股份。但是该广告公司并没有如预期好转，第二家私募股权基金也失去信心。此时第三家私募公司购买了第二家私募机构在该广告公司的所有股份，结果，该广告公司最后成为所有风险资本支持的企业中盈利率最高者之一。

◎ 并购退出的程序说明

"并购"一词实际上是指"兼并"和"收购"，而兼并是指两家以上的公司结合成为一家公司；收购是指并购企业购买目标企业的资产或股权。所以在并购的程序中既包括了兼并的步骤也包括了收购的程序。

为了确保并购退出的有效实施，并购退出需要经过一系列的程序，下面就这些程序进行详细的介绍。

并购退出的步骤

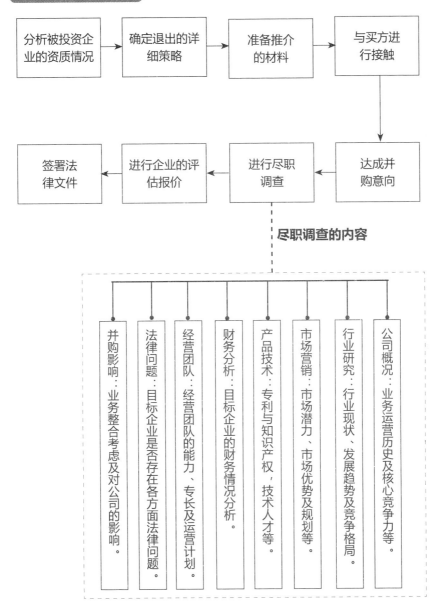

其他多种退出方式的认识

股权投资有多种退出方式，除了前面讲到的 IPO 退出和并购退出之外，还有新三板退出、股权转让退出及清算退出等。当然，在不同的投资环境下选择不同的退出方式会给融资企业和私募股权投资机构带来不同的影响。

◎ 最受欢迎的退出方式——新三板退出

新三板全称为"全国中小企业股份转让系统"，是我国多层次资本市场的一个重要组成部分，是继上海证券交易所和深圳证券交易所之后第三家全国性证券交易场所。

对企业而言，新三板市场带来的融资功能和可能带来的并购预期，以及政府的支持等，都是吸引企业的重要因素，同时新三板也是目前中小企业一个比较好的融资选择。对私募股权机构而言，相对主板来说，门槛更低的壁垒、灵活的协议转让及市场转让制度都能够让企业更快速地实现退出。

新三板定增市场的退出渠道

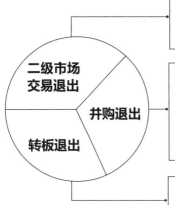

二级市场交易退出的方式包括协议转让和做市，由于做市商能为新三板提供流动性，所以相比协议转让，做市的流动性更好。

《上市公司收购管理办法》中明确规定，投资者自愿选择以要约方式收购公众公司股份的，可以向被收购公司所有股东发出收购其所持有的全部股份的要约，也可以向被收购公司所有股东发出其所持有的部分股份的要约。

2014 年 10 月，证监会颁布的《关于支持深圳资本市场改革创新的若干意见》中明确表示，将推动在创业板设立专门层次的进程，允许符合一定条件但尚未营业的互联网和科技创新企业在新三板挂牌，满 1 年后到创业板发行上市。

做市与协商转让退出

做市

在做市制度下，券商要为企业做市必须获取一部分股权，而正式获取做市筹码这个过程即为机构提供了新的退出方式。

简单而言，类似于批发商，从做市公司处获得库存股，然后当投资者需要买卖股票时，投资者之间不直接成交，而是通过做市商作为对手方，只要是在报价区间就有成交义务。

做市商通常能够给企业带来公允的市场价格，在定增股份退出时也较为接近市场价格。

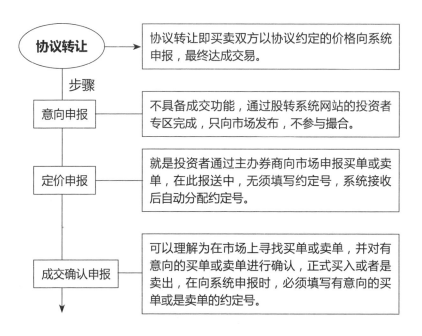

◎ 最快速的退出方式——股权转让

股权转让退出是私募股权基金的重要退出途径，它是指投资机构依法将自己的股东权益有偿转让给他人，实现套现的一种退出方式。

股权转让的形式分类

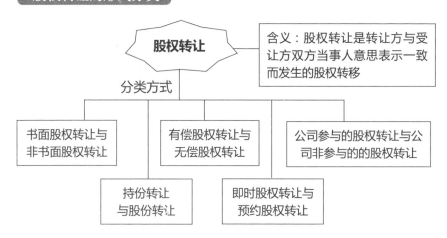

书面股权转让与非书面股权转让

股权转让通常是通过书面的形式来进行，但是在实际的退出过程中，经常会发生非书面形式的股权转让，尤其是以股票为表现形式的股权转让，通过非书面的形式往往能够更有效快速进行股权转让。

持份转让与股份转让

持份转让是指持有份额的转让，指有限责任公司的出资份额的转让。根据股份载体的不同，股份转让又可分为一般股份转让和股票转让。一般股份转让是指以非股票的形式的股份转让，实际包括已缴纳资本但并未出具股票的股份转让，也包括那些虽然认购但仍未缴付股款，因而还不能出具股票的股份转让；股票转让是指以股票为载体的股份转让。股票转让还可进一步细分为记名股票转让与非记名股票的转让、有纸化股票的转让和无纸化股票的转让等。

有偿股权转让与无偿股权转让

有偿股权转让无疑应属于股权转让的主流形态。但无偿的股权转让同样是股东行使股权处分的一种方式。股东完全可以通过赠予的方式转让其股权。股东的继承人也可以通过继承的方式取得股东的股权。在实践中要注意的是，如果股东单方以赠予的方式转让其股权的，受赠人可以根据自己的意愿做出接受或放弃的意思表示，受赠人接受股权赠予，内股权发生转让；受赠人放弃股权赠予，股权未发生转让。

即时股权转让与预约股权转让

即时股权转让是指股权转让协议生效或者受让款的支付完成时确认的股权转让，即进行的股票转让，而那些附有特定期限或是特定条件的股权转让为预约股权转让。

公司参与的股权转让与公司非参与的的股权转让

公司参与股权转让，表明股权转让事宜已获得公司的认可，因而可以视为股东资格的名义更换已实质性地获得了公司的认同，这是公司参与股权转让最为积极的意义。但同时还应注意到，许多公司参与的股权转让现象中，未经股权转让各方邀请或者未经股权享有人授权公司代理的情形会时有发生。

股权转让退出的优势分析

选择股权转让退出 ←

根据目前国内特殊的法律政策环境的限制，风险投资公司通过股权转让的方式退出更具有实际意义，这类的产权交易模式比较适合处于发展期，企业成长性较好并且具有一定的盈利规模，但因为一些原因达不到上市的要求和条件，或者在2年内无法尽快上市的被投资企业。

原因

根据国内的私募股权投资情况分析，在国内二板市场尚未启动的情况下，股权转让是我国现阶段风险退出方式中一种操作性很强的方式。近年来，股权转让在私募股权投资退出方式中所占的比重也越来越大，究其根本，发现股权转让退出的吸引力主要表现在以下两个方面。

优势

出售被投资企业的股权可以立即收回现金或可流通证券，使私募股权投资机构可以从被投资企业中完全退出，也使有限合伙人可以从私募股权基金中取得现金或流通证券的利润分配。风险资本所投资的企业一般要经过5~6年的时间，而一个中小高新企业在发展2年后就可以采用并购的方式卖出获利，因此要计算投资回报率，还是采用股权转让方式更为合适。

风险资本所选择的投资项目一般都是高科技和新技术。在这种情况下，风险投资公司选择并购并不仅仅是一种退出决策，同时也是企业对于自身所处发展阶段认识基础上的发展战略选择。风险企业作为有吸引力的投资部门，与能产生大量稳定的现金流的处于产品成熟期的企业合并，这样整个风险投资公司的现金流在总体上将会与公司的总投资大致上持平。

◎ 最不愿意的退出方式——清算退出

私募股权投资是一项风险较高的投资行为，失败率较高。对于私募股权投资者而言，一旦投资的创业企业经营失败，就不得不通过清算的方式来退出。尽管通过清算退出损失是不可避免的，但是毕竟仍能回收一部分投资。因此，清算退出虽然是不得已的选择，但是却是避免深陷泥潭的有效方式。

公司清算的步骤

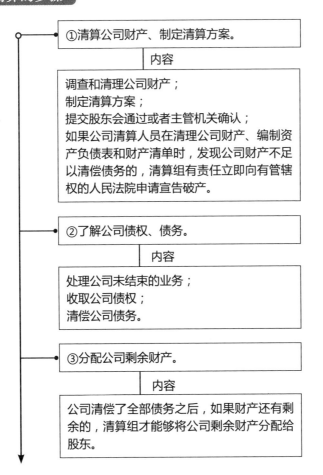

①清算公司财产、制定清算方案。

内容

调查和清理公司财产；
制定清算方案；
提交股东会通过或者主管机关确认；
如果公司清算人员在清理公司财产、编制资产负债表和财产清单时，发现公司财产不足以清偿债务的，清算组有责任立即向有管辖权的人民法院申请宣告破产。

②了解公司债权、债务。

内容

处理公司未结束的业务；
收取公司债权；
清偿公司债务。

③分配公司剩余财产。

内容

公司清偿了全部债务之后，如果财产还有剩余的，清算组才能够将公司剩余财产分配给股东。

清算退出的方式

清算退出的 2 种方式

破产清算

破产清算是因为不能够清偿到期债务，被依法宣告破产，由法院依照有关法律规定让清算组对公司进行清算。

根据《中华人民共和国企业破产法》的相关规定，企业破产的条件是企业法人不能清偿到期债务，并且资产不足以清偿全部债务或者明显缺乏清偿能力的，应当适用企业破产程序。无论如何，只要进入破产清算程序，也就意味着该企业负债累累，举步维艰，所有者权益极低，甚至为 0。因此，破产清算的投资回报率很低，甚至无法回收投资。

解散退出

解散清算就是启动清算程序来解散风险企业。这种方式不但有清算成本，而且需要的时间也较长，因而不是所有的投资失败项目都会采用这一方式。

根据《中华人民共和国公司法》规定，有下列情形的，公司可以解散：公司章程规定的营业期限届满或者公司章程规定的其他解散事由出现；股东会或者股东大会决议解散；因公司合并或者分立需要解散；依法被吊销营业执照、责令关闭或者被撤销；公司经营管理发生严重困难，继续存续会使股东利益受到重大损失，通过其他途径不能解决的，持有公司全部股东表决权 10% 以上的股东可以请求人民法院解散公司，人民法院按照规定将公司解散。

第 10 章

识别私募股权投资中的陷阱

对于私募股权投资，不可否认的它确实能够为融资企业带来资金、管理及资源上的帮助，从而使得企业得到快速的发展。但是在私募股权投资中却隐藏着各种各样的风险，需要引起融资企业的注意。下面来具体分析一下。

真假私募股权机构识别

2016 年 10 月 11 日，根据中国证券投资基金业会的统计，已经有 60 家私募股权机构被列入了失联机构名单，并进行了公示，其中有 36 家已注销管理人登记。这么多失联的私募股权机构，对融资而言无疑是一个警钟，所以，如何识别私募股权机构的正规性就显得十分重要了。

◎ 识别正规投资公司与皮包公司

私募机构失联"跑路"，投资者的血汗钱就很难收回了，这对投资者而言无疑是很痛心的损失。尽管国家对于私募机构的监管越来越严，但是仍然有不法分子钻各种漏洞，从而欺骗投资者。

鉴别正规的私募机构

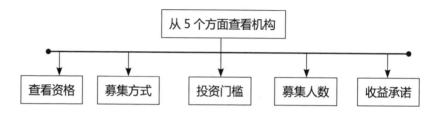

查看私募公司资质

私募基金公司必须拥有中国证券投资基金业协会颁发的私募基金管理人登记证明，即私募基金牌照。所以投资者可以通过中国证券投资基金业协会来查询私募基金资质。

查询私募公司资质的步骤

step1

进入"中国证券投资基金业协会"信息公示网的首页（http://gs.amac.org.cn/），如下图所示。

step2

通过页面中"私募基金管理人"下面的"私募基金管理人综合查询"超链接可以查询到私募基金管理人团队公示的详细信息，如注册信息等，如下图所示。

基金管理人全称(中文):	平安道远投资管理（上海）有限公司 投诉		
基金管理人全称(英文):	Ping An Russell Investment Management (Shanghai) Co., Ltd.		
登记编号:	P1000182		
组织机构代码:	57075680-3		
登记时间:	2014-03-17	成立时间:	2011-03-15
注册地址:	上海市浦东新区张杨路707号生命人寿大厦39楼03室		
办公地址:	上海市浦东新区陆家嘴环路1333号平安金融大厦11楼		
注册资本(万元):	20,000	实缴资本(万元):	20,000
企业性质:	中外合资企业	注册资本实缴比例:	100%
管理基金主要类别:	证券投资基金	申请的其他业务类型:	证券投资基金 其他 股权投资基金

具体查看企业资质

募集方式	在私募股权投资中，最为突出的一个特点就是私募，即向特定的对象募集资金，而不能像公募基金一样向广大公众推广募集，所以，如果以公开方式募集的私募机构就是骗子机构。
投资门槛	私募股权投资门槛规定单个投资者的投资额不能低于100万元，如果遇到发行投资门槛低至几万元或高则几十万元等标准不一的产品，投资者就需要提高警惕了。
募集人数	私募对于投资者人数有着严格的限制，以股份公司设立的，投资者人数不能够超过200人；以有限公司形式设立的，投资者人数不能够超过50人；以合伙制形式设立的，合伙人人数不能超过50人。
承诺收益	私募基金管理人和销售机构都不能向投资者承诺本金不受损失，或者承诺最低收益。如果私募基金的发起人向投资者许诺保底收益或者给出明确还本付息的确定回报约定，那就涉嫌违法了。

虽然私募股权机构的真假可以从以上几个方面进行查看，但是有很多的不法分子善于伪装和包装他们的公司与产品，从而迷惑投资者，下面以一个实例来说明。

案例陈述

A公司成立于2012年9月，注册资本2 000万元，号称主要从事私募基金代销和互联网P2P业务，共有32个经营门店，装修豪华，员工上千人。A公司宣称代销其关联方公司的私募基金产品，通过手机短信、推介会和传单等方式公开宣传向社会募集资金，承诺只需20万元就可以投资，而且有15%～20%的年化收益。然而，事实上资金却流向了 A 公司其他关联企业，并没有真实的投资项目。

　　2015 年 11 月，A 公司非法集资风险爆发，当地公安部门对其以涉嫌非法吸收公众存款罪立案，涉案资金约 21 亿元（其中约 13 亿元未能兑付），涉及投资人 7 200 余人。

A 公司的欺骗手段

① A 公司采取门店银行化、员工白领化等一些具有欺骗性的销售手段，通过"门店 + 私募基金"、"广告 + 私募基金"及"传单 + 私募基金"的方式对产品进行宣传推广，包装成银行的正规理财产品，从而降低投资者们的防备心理。

② 通过案例可以发现，A 公司宣传销售的私募股权产品的起投金额为 20 万元，这与实际 100 万元的私募投资金额标准差别较大。并且公司的销售对象主要是中老年人居多，没有达到合格投资者的标准，也没有对投资人数进行限制。

③ A 公司以高额的利息来吸引投资者进行投资，以收钱和发钱的方式维持公司的资金周转，自融自用，涉嫌非法吸收公众存款罪。

◎ 正规私募与"骗子"的"差别对待"

　　很多投资者最初接触私募股权投资时都会比较茫然，总是处于一个盲目打探的状态，"×× 私募机构怎么样？"及"你看 ×× 私募机构可靠吗？"等。其实，可以从正规的私募股权机构与骗子公司对待投资者的态度中进行区分。

不同方面查看投资机构的态度

服务动机

正规的私募机构工作人员会本着专业精神，为投资者提供理财服务的私募。而一些骗子私募是指一些没有资质、程序违法的机构，他们的目的在于敛财，缺乏专业性和为客户造福的专业精神。相较为客户理财，他们的行为更类似理财销售，会经常主动电话给意向投资者，让其投资。

正规的私募机构投资者会反复跟投资者强调投资风险，并且询问合适投资者的风险承受能力，也不会给投资者承诺收益或暗示收益。反观骗子私募跟投资者交谈时，更强调产品将会带来的高收益，他们会给投资者不断编织高收益的蓝图。

风险态度

股市行情

正规私募机构人员对于投资提出某只股或者股市行情，回答比较模糊，不会给投资者准确肯定的答复。骗子私募则会非常肯定地给出答复，希望能够加深投资者对其专业的肯定，所以会不断地吹嘘自己。

正规私募和投资者谈论得更多的是投资的想法、思路及逻辑等，同时会告诉投资者他们对于投资风险如何控制。但是骗子私募展示更多是豪华的办公室、高档的写字楼及学历等外在的硬件。

对外展示

工作人员

正规私募通常会以专业度、工作经验及投资经历为前提来招聘工作人员，所以正规私募的工作人员比较严谨，年龄偏大一些。但是骗子私募则通常会招聘一些能说会道的年轻人，他们中的研究人员非常少，更多的是销售人员或服务人员。

避免合作过程中的风险

公司通常会在发展扩展过程中遇到缺乏资金的情况，如果有私募股权投资公司进行股权投资，必然会解决创业公司的燃眉之急。但是融资公司并不能真正地放松，因为即便是与正规的私募股权投资公司之间的合作也有很多需要提防的问题。

◎ "估值调整协议"中的陷阱

前文曾对"估值调整协议"进行过介绍，知道"估值调整协议"是私募股权投资方与被投资企业对企业未来发展不确定情况的一种约定，如果约定的条件出现，投资方可以行使一种估值权力，如果约定的条件没有出现，被投资企业可以行使一种权力。

事实上，"估值调整协议"是期权的一种形式，有的创业公司创始人总是会下意识地认为应该解决当下的问题，先引入资金，至于"估值调整协议"的内容到后期实现不了再想办法。但是当企业达不到约定的业绩情况，私募就会对冲股权，那么企业很有可能就会易主。所以创业者需要警惕"估值调整协议"中的各种条款陷阱，避免自己处于弱势位置。

"估值调整协议"中可能出现的各类陷阱

业绩情况

"估值调整协议"的核心内容便是企业的业绩情况，即约定的期间内能否实现承诺的财务业绩。因为业绩是估值的直接依据，被投资公司想要获得高估值，就需要以高业绩作为保障，通常是以"净利润"为协议标的。这其中需要注意，过高估值是企业自己挖的一个坑，一定不要掉进融资作价过高的陷阱。

业绩赔偿设计

"估值调整协议"中会对业绩不达标时的赔偿问题进行了规定，在业绩估值调整时候要注意设定合理的增长幅度，最好将"估值调整协议"设为重复博弈结构，降低当事人在博弈中的不确定性。

赔偿公式

T1 年度补偿款金额 = 投资方投资总额 × （1- 公司 T1 年度实际净利润 ÷ 公司 T1 年度承诺净利润）

T2 年度补偿款金额 = （投资方投资总额投资方 T1 年度已实际获得的补偿款金额）× 〔1- 公司 T2 年度实际净利润 / 公司 T1 年度实际净利润 × （1- 公司承诺 T2 年度同比增长率）〕

T3 年度补偿款金额 = （投资方投资总额 - 投资方 T1 年度和 T2 年度已实际获得的补偿款金额合计数）× 〔1- 公司 T3 年实际净利润 ÷ 公司 T2 年实际净利润 × （1- 公司承诺 T3 年度同比增长率）〕

上市时间

"估值调整协议"中常常也会对企业的上市时间进行"对赌"，即被投资公司能否在约定的时间内上市。上市时间的约定一般是股份回购的约定，实际上不能算对赌，"对赌"主要是指估值，但是上市约定却与业绩承诺一样，经常出现在协议当中。

非财务业绩

有的"估值调整协议"中，除了对财务业绩进行约定之外，还会对非财务业绩，例如 KPI、用户数量、产量及产品销量等进行约定。通常，"对赌"标的不宜过细、过准确，在设置的过程中要预留一定的弹性空间，否则公司可能会为了达到业绩目标做出一些短视行为。所以公司可以要求在"估值调整协议"中加入更多柔性条款，而多方面的非财务业绩标的可以让协议更加均衡可控，比如财务绩效、企业行为和管理层等多方面指标等。

关联交易

在"估值调整协议"中也会对关联性交易进行限制，即指被投资公司在约定期间若发生不符合章程规定的关联交易，公司或者大股东必须按关联交易额的一定比例向投资者赔偿损失。

债权和债务

若公司未向投资方披露对外担保和债务等，在实际发生赔付后，投资方有权要求公司或大股东赔偿。该条款是基本条款，几乎每个投资协议都有。目的是防止被投资公司拿投资人的钱去还债。
债权债务赔偿公式 = 公司承担债务和责任的实际赔付总额 × 投资方持股比例。

小贴士

除了上述提到需要警惕的可能会出现的问题之外，还需要注意股权转让限制条款、反稀释权、优先清算权、优先分红权、优先购股权、共同售股权、强卖权、一票否决权、管理层"对赌"、回购承诺及违约条款等。"估值调整协议"需要建立在公平公正的基础上，进行合理科学的约定，这样才能够激发创业公司创始人积极经营公司，使得公司和私募股权机构达到双赢。

◎ 警惕商业秘密泄露的风险

私募股权投资方在决定投资之前都会对融资企业进行尽职调查，在尽职调查的过程中，必然会接触到融资企业的商业秘密。企业的商业秘密发生泄露是融资企业无法回避的一种风险，在融资过程中如何保护商业秘密是一项重要的工作。

预防泄露商业秘密

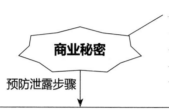

商业秘密

含义：按照《中华人民共和国反正当竞争法》的规定，指不为公众所知悉、能为权利人带来经济利益、具有实用性并经权利人采取保密措施的技术信息和经营信息。

预防泄露步骤

①为了保护商业秘密，融资企业在与私募股权投资方进行谈判的初期，就需要与其签订《保密协议》。协议应当明确保密内容和范围、双方的权利与义务、保密期限及违约责任等。

②与投资方初步接触时，融资企业需要加强商业秘密的保护意识，对于商业秘密要适当地披露，即在披露的过程中需要有所保留。

③商业计划书是私募股权投资中的重要文件，计划书内一般都包含了企业的商业秘密。融资方提交商业计划书时要确认对象，不要轻易散发，避免流传到同行竞争对手手中的可能。另外，商业计划书内关于企业内部的核心机密也需要有所保留。

④双方在进行深入接触了解之后，并且投资方表明投资意愿，双方达成初步意向时，企业再进一步披露自身商业秘密。

◎ 拖带条款不得不防

拖带权也被称为"强制随售权"或"领售权"，是指如果公司在一个约定的期限内没有实现上市，那么私募股权投资者就有权强制要求公司的创始人股东和管理层股东与自己一起向第三方转让股份。由此可见，拖带权是保护私募股权投资者利益的条款，对于需要引入私募股权资本的企业而言，需要慎重对待拖带权。

应对拖带权的策略

1 面对该条款时，创业者们需要慎重，原则上应该拒绝接受该条款。

2 提高股权比例，拖带权条款需要一个触发条件，私募股权投资者要求行使拖带权时，需达到一定股权比例拖带权才可能被触发，所以企业可以尽可能地提高股权比例。

3 限制行使时间。企业应该要求拖带权只有私募股权基金投资企业几年后才能够行使，例如 3 年或 5 年，给企业一个自我发展的时间，也能够避免私募股权投资者违背设立的初衷而滥用该权利。

4 限制股权购买的对象。为了防止出现道德风险，企业应该限制私募股权基金在行使拖带权购买企业时的主体不能是竞争对手或该私募基金投资过的其他公司及该私募基金有关联的公司或个人等，从而避免出现私募股权基金为了利益贱卖公司股权的行为。

5 支付方式限制。企业为了保护自身的利益，应该要求私募股权基金在行使拖带权时，企业的交易对价只能够采取特定的支付方式，例如现金支付。

6 原来股东的优先购买权。企业可以规定在私募基金行使拖带权出售公司的股权时，如果企业原始股东不同意，那么创始人或原始股东有权以同样的价格优先购买。

避免私募股权投资中的法律风险

私募股权投资的风险，即私募股权投融资过程中相关主体不懂法律规则、疏于审查法律条款或逃避法律监管所造成的经济纠纷，从而给企业带来重大的经济损失。所以，不管是投资机构还是融资企业，都需要对私募股权中涉及的法律风险引起注意。

◎ 分析投融过程中可能出现的风险

私募股权投资基金主要投资于未上市企业的股权，随着私募资本的注入，企业的内部结构、规模及企业未来的发展方向都发生了很大的变化。其中，不论是私募股权基金还是被投资企业都需要知晓投资过程中可能出现的法律风险。

法律风险的组成

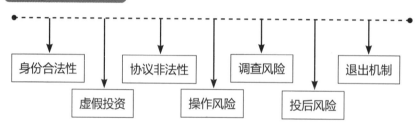

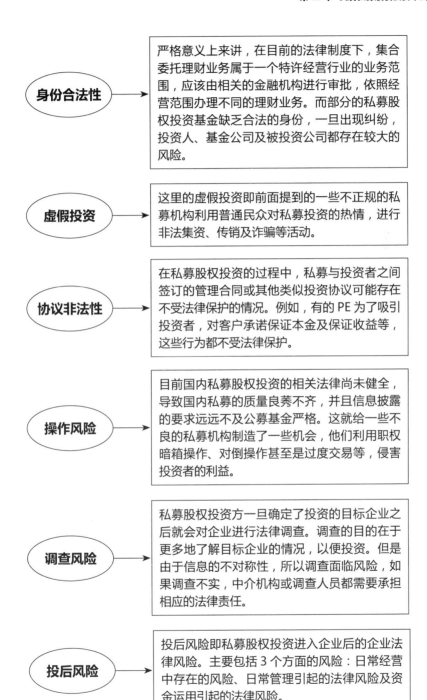

身份合法性 → 严格意义上来讲，在目前的法律制度下，集合委托理财业务属于一个特许经营行业的业务范围，应该由相关的金融机构进行审批，依照经营范围办理不同的理财业务。而部分的私募股权投资基金缺乏合法的身份，一旦出现纠纷，投资人、基金公司及被投资公司都存在较大的风险。

虚假投资 → 这里的虚假投资即前面提到的一些不正规的私募机构利用普通民众对私募投资的热情，进行非法集资、传销及诈骗等活动。

协议非法性 → 在私募股权投资的过程中，私募与投资者之间签订的管理合同或其他类似投资协议可能存在不受法律保护的情况。例如，有的 PE 为了吸引投资者，对客户承诺保证本金及保证收益等，这些行为都不受法律保护。

操作风险 → 目前国内私募股权投资的相关法律尚未健全，导致国内私募的质量良莠不齐，并且信息披露的要求远远不及公募基金严格。这就给一些不良的私募机构制造了一些机会，他们利用职权暗箱操作、对倒操作甚至是过度交易等，侵害投资者的利益。

调查风险 → 私募股权投资方一旦确定了投资的目标企业之后就会对企业进行法律调查。调查的目的在于更多地了解目标企业的情况，以便投资。但是由于信息的不对称性，所以调查面临风险，如果调查不实，中介机构或调查人员都需要承担相应的法律责任。

投后风险 → 投后风险即私募股权投资进入企业后的企业法律风险。主要包括 3 个方面的风险：日常经营中存在的风险、日常管理引起的法律风险及资金运用引起的法律风险。

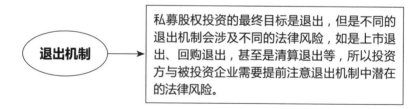

退出机制 ⟶ 私募股权投资的最终目标是退出，但是不同的退出机制会涉及不同的法律风险，如是上市退出、回购退出，甚至是清算退出等，所以投资方与被投资企业需要提前注意退出机制中潜在的法律风险。

◎ 防范私募股权基金的风险

根据私募股权投资过程中的投资风险可以看到，投资风险不是单一存在于某一环节或某一阶段中，而是从募集、注资到退出的各个环节都存在着不同的法律风险。这些风险严重影响了私募股权投资的正常、稳定发展。

防范投资风险的步骤

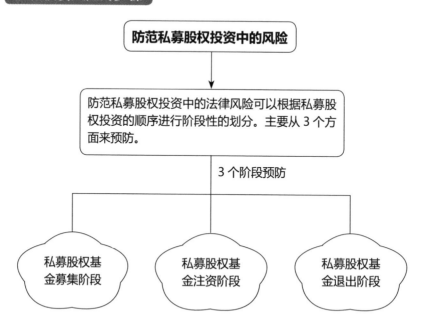

私募股权
基金募集
阶段

在私募股权基金的募集阶段容易出现法律风险，所以首先在资金募集的过程中严格限制投资者的人数。按照《中华人民共和国公司法》和《创业投资企业管理暂行办法》的规定，基于防范法律风险及基金本身性质的考虑，投资者在募集资金期间，私募股权基金管理人不能承诺收益或保证本金，否则如果因为不可预见性的政策调整、自然环境及市场环境变化等因素造成的承诺不兑现，会涉嫌虚假承诺而承担法律责任。基金在进行托管之前，应该与银行签署书面协议，对各自的权利和义务进行安排，从而确保基金安全。

私募股权
基金注资
阶段

私募股权基金注资阶段所产生的法律风险主要在于尽职调查，而尽职调查主要是对目标企业进行法律和财务两方面的调查。为了避免由于尽职调查不实而出现各种法律纠纷，在对企业进行尽职调查时应做到尽量详细、完整，同时要善于发现信息之间的关联，争取最大限度地反映企业经营情况。为了避免出现尽职调查不实的情况出现，可以组织不同的部门或者小组进行调查，避免漏洞。

私募股权
基金退出
阶段

私募股权基金的退出风险主要是由于不同的退出机制。私募股权投资退出方式主要有境内境外上市、股权转让、并购、管理层回购和破产清算等。上述方式中，破产清算的可能性比较小，但考虑到不排除企业破产清算情形的发生，因此，在投资协议中也应当做保底约定，与其他方式并用，这种退出方式意味着私募股权投资在这一项目上基本失败。对于上市退出而言，一旦企业能按期上市，则其退出除证监会规定的锁定期和其他规定外，无需任何约束，但若企业不能按期上市，则如前所述，可以与股东签订回购协议以规避风险。对于股权转让退出来说，其可以约定转让给原股东，也可约定转让给股东以外的第三人，由于有限责任公司转让给股东以外的第三人应由二分之一原股东同意，这也需要在协议中进行具体约定。对于并购和管理层回购等退出方式，则要在投资协议中对其退出程序、退出条件、退出时间和对方违约的责任等方面做出具体的规定，以防控风险。

投资者如何防范风险

关注相关政策动向

国内的私募股权投资受到政策的影响比较大，所以投资者应该密切关注政策动向，防范因为政策变化而带来的投资风险。

"不将鸡蛋放在一个篮子里"的原则，在私募股权投资中同样适用，投资者可以通过组合投资或者联合投资的方式，规避投资风险。

组合与联合投资

完善理财协议

投资者在投资的过程中会与私募股权投资机构签订协议，在签订合同时要明确自己的权利和限定私募基金的义务，并且对投资品种及其组合、账户设置、资金监管以及信息披露等进行详细规定，同时避免法律不予保护的条款。

私募基金信息披露的要求相对低一些，通常不需要向证券监管部门进行登记，并且其不透明的管理模式也使投资者丧失了部分的监控权。在这种情况下，投资者本身就需要主动定期、不定期地要求私募基金披露信息，包括但不限于投资品种及其组合、基金净值及其变化、重大事项和可能发生的重大风险等，增加其透明度，以最大限度防范潜在风险，保障投资者权益。

强化过程监管

第11章

经典私募股权投资案例解析

通过前面对私募股权投资相关知识的介绍，相信应该拉近了融资企业与私募股权投资的距离，下面通过整理与分析几个经典的私募股权投资案例来进一步加深对其的理解和实际应用。

永乐电器与摩根士丹利的"估值调整协议"

由于私募股权机构摩根士丹利的资本投入，使永乐电器快速登陆香港资本市场，但是永乐电器在上市仅仅 9 个月之后，就被国美电器收购了，其中最大的原因就在于"估值调整协议"。"估值调整协议"是融资企业的内在欲望和投资者本性结合的产物，可能导致出现"双赢"或"双输"的局面。

◎ 永乐私募融资案例背景

成立于 1996 年的上海永乐家用电器有限公司（以下简称"永乐家电"）是一家净资产上亿元的民营股份制家电连锁零售企业。永乐家电的前身是永乐家电批发总公司，后来以减轻政府包袱的名义顺势实施民营化改革制，由此，永乐家电成为民营股份制企业。

完成改制之后的永乐家电开始了稳健的企业发展，与当时有力的竞争对手国美和苏宁的全国性扩张不同的是，永乐家电以上海地区为重点发展地。所以永乐在上海家电连锁市场一直保持着 60% 以上的市场占有率，其在上海拥有的门店数量也比其他家电连锁品牌加起来的总和还要多。

随着永乐家电的快速发展，使得公司也开始向外实施扩张，但是也仅仅局限在江苏、浙江等华东片区。从 2002 年开始，国美和苏宁加大了全国性扩张力度，为了能够与国美和苏宁进行对抗，永乐与北京大中、河南通利及山东雅泰组建了"中永通泰联盟"，其核心目的在于集中 4 家企业的力量与上游供应商进行采购谈判，以获得与国美、苏宁同等的进货价格优势。

永乐家电与其他 3 家家电联合时达成了"互不介入"的协议，即不得在各自的市场领域开设连锁卖场，这就使得永乐家电的地域特征更加明显。

2004 年后，国美与苏宁加快了全国性发展的脚步，并且国美与苏宁纷纷提出了年内全国新增加 100 家连锁店的计划。这一计划无疑给了仅有 72 家连锁店的永乐家电巨大压力，为了缩小与国美、苏宁之间的市场份额差，永乐家电也定下了 2004 年全国连锁店总数 150 家、销售额 200 亿元的目标。

在 2004 年家电连锁市场"市场份额第一位、盈利能力第二位"的竞争模式下，连锁店的开店数量主要取决于各自的财力。随着国美与苏宁先后在港股及 A 股实现上市，打通了资本市场的融资渠道，也有力地支持了各自市场的扩张。但没有实现上市的永乐家电在资金的供给方面则比较困难，为了配合自己的市场扩张，永乐家电开始了寻求私募股权投资机构的支持。

◎ 摩根士丹利投资过程

早在 2003 年 3 月，永乐家电就开始与摩根士丹利接触，2004 年开始为海外上市进行了一系列的安排。经过大半年的洽谈，永乐家电最终于 2005 年 1 月获得摩根士丹利及鼎晖的 5 000 万美元的联合投资，其中摩根士丹利 4 300 万美元，占股 23.53%，鼎晖投资 700 万美元，占股 3.83%。回顾整个投资过程，可以将其分为 3 个步骤，如下图所示。

永乐家电为了能够以红筹的方式在海外上市，在 2004 年 8 月进行了境外重组。首先，在 BVI 成立了 Retail Management，其股权结构完全与上海永乐相同，由管理层控制。然后，在开曼群岛注册成立的"永乐电器销售有限公司"成为 Retail Management 的全资子公司，以充当投融资平台及未来上市的主体。最后，获得投资后的开曼永乐公司透过两层全资子公司向上海永乐公司增资 2.5 亿元，并且以大约 1.6 亿元向永乐创始人及高层购买上海永乐的绝大部分股权，通过增资及收购现有股东的权益，永乐电器销售有限公司（开曼）共获得上海永乐 90% 股权。

2002 年 6 月，永乐的注册资本为 1 050 万元，当时由 8 名管理者及雇员持有 65.6%，与职工持股会持有 34.5% 组成，其中永乐创始人拥有 28%。截至 2004 年 8 月，永乐的注册资本增至 1 亿元，为了保证外资进入后永乐能够继续拥有实际控股权，职工持股会以 3 239 万元的价格将股权信托转让给了管理层。而永乐创始人的股份也从 40.52% 上升到 72.59%，但是其中完全属于创始人个人的股权只有 25.57%。

2005 年 1 月，摩根与鼎晖分别通过子公司 MS Retail 与 CDH 购入 3.63 亿股和 5 913.97 万股的永乐股份，一共投资 5 000 万美元，占股 27.36%。正是这次融资，让永乐家电与包括摩根与鼎晖在内的私募股权机构签下了"估值调整协议"，规定了永乐家电 2007 年净利润要实现的目标，永乐家电创始人陈晓方面则需要根据实现情况向资本方出让股权或获得股权，双方的约定内容具体如下图所示。

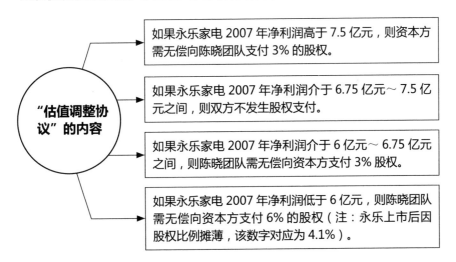

协议中还指出了另一种变通的方式，即如果投资者（摩根和鼎晖）达到了回报目标，那么永乐未达到净利润目标也可以免于割让股份。这个回报目标是，摩根与鼎晖初次投资的 300%，再加上行使购股权代价的 1.5 倍，合计约为 11.7 亿港元。由此得出，协议中的这一条款实际上是摩根为自己的投资设定了一个最低回报率的底线，即 260%。

◎ 投资案例解析

永乐家电的这次融资"估值调整协议"，从表面上来看是投融双方围绕着企业盈利目标进行的一场赌局，永乐家电实现了目标就能够赢得股权，没有实现目标就要输掉股权。实际上，这并不是普通意义上的投资"赌局"，而是一场关于企业未来股权调整的赌局。

但是，从整个家电连锁行业的发展及永乐家电自身的扩张速度判断，仅靠内生资源进行扩张，永乐的净利润几乎不可能达到"估值调整协议"的要求。而为了不失去永乐家电的绝对控制权，永乐管理层一改"重利润轻扩张"的稳健发展策略，加大扩展，但这不仅难以提高利润水平，反而因为整合与管理成本的提高，降低了自身的盈利能力。

实际上，在私募资本投资永乐之前，永乐的净利润年增长率就开始逐年下滑，下图所示为永乐家电 2002 年~2005 年的净利润。

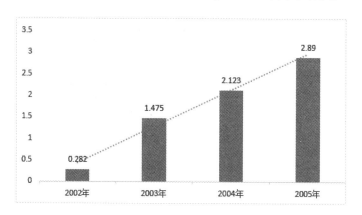

从利润变化的数据来看，永乐家电从 2002 年到 2005 年的 4 年之间，净利润一直处于上升的阶段。2002 年的 0.282 亿元增长到 2005 年

第 11 章 经典私募股权投资案例解析

的 2.89 亿元，年复合增长率超过了 100%。但是从上图可以看到，除去 2003 年永乐高达 423% 的大幅度增长之外，2003 ~ 2005 年永乐的年度复合增长率仅为 40%。如果按照这个增长速度，那么 2007 年永乐的净利润只能够达到 5.66 亿元，低于"估值调整协议"的下限，也仅为 7.5 亿元的 75%，6.75 亿元的 84%。

根据永乐的净利润进行估算，永乐管理层如果想要从私募中收回 4 697 万份股份，保持企业的控股权，那么在 2005 年~2007 年的 3 年里，永乐的年净利润增长率至少要达到 52%，而净利润额需要达到 6.75 亿元，即企业整体增长率要达到 47%。

获得融资之后的永乐家电明显加快了在全国范围内的扩张，一方面强势扩张自营连锁店，另一方面大肆收购同行。2005 年 5 月至 7 月之间，永乐迅速收购了河南通利、厦门灿坤和厦门思文等地域性家电连锁品牌，把被并购企业的盈利注入永乐的利润表中，从而期望能够达到"估值调整协议"中的净利润要求。2005 年 10 月 14 日，永乐电器登陆香港联交所完成 IPO，融资超过 10 亿港元。

2006 年 6 月底，永乐公开承认，当初与摩根签订协议时预测过于乐观，未来两年永乐盈利能力面临着压力。同年 7 月，国美电器以 52.68 亿港元收购了上市仅仅 9 个月的永乐电器。

永乐家电与私募股权投资机构的"估值调整协议"，可以引起人们对"估值调整协议"、外资私募投资国内企业及引入私募股权等的思考。

.259

永乐家电"估值调整协议"的经验

"估值调整协议"设定的初衷都是为了企业能够得到快速的发展，对企业家起到激励的作用。但是问题在于，如果协议的约定出现偏颇，那么"估值调整协议"往往就会引起反效果，不但不能够刺激企业发展，还会将企业带入不好的发展道路中。所以，在面对"估值调整协议"时应该多一份思考。

永乐家电"估值调整协议"带来的启示

1 企业家不要对自己企业的未来发展情况过于乐观。通常企业家对自己企业的发展总是盲目乐观，认为企业一旦注入了资金就可以得到快速的发展，同时盈利情况也可以翻番，因此融资之后的企业业绩指标的预测非常得激进。但是在实际的发展中，影响企业经营的除了资金之外，还有很多不确定因素，例如市场环境、竞争对手及管理能力等。

2 不要为了高估值融资而设定过高的与实际不符的业绩目标。因为企业的估值是预测未来业绩的，所以很多企业家为了能够出让更少的股份以融得更多的资金，有时会抱持赌徒的心态，设定出一些自己都不相信一定能够实现的业绩目标。这是一种错误的心态，因为设定之后企业家为了努力完成协议中约定的业绩目标，可能会进行一些违背企业正常发展的事情。

3 在"估值调整协议"中，企业可以适当地增加一些弹性的条款，以在特定时期内进行协商调整。例如金融危机和政策突变等突发情况导致企业的业绩不达标时，可以将协议进行相应的调整。或者在对赌条约中，设置一些可协商的条款，给企业一些预留空间。

外资私募投资国内企业的特点

① 在"对赌"中，赌的是业绩，筹码是股权。国内的"估值调整协议"均股权为筹码实现"对赌"。股权价值基本上依赖于企业未来的业绩，以未来业绩为"赌注"，可锁定投资风险。

② 投资方在投资以后持有企业的原始股权。如摩根士丹利取得永乐电器 20% 的股权。

③ 外资和私募投资国内企业通常投资金额较大，潜在的投资收益也相对较高。

④ 持有高杠杆性的股票看涨期权。摩根士丹利对永乐电器的认股价格为 1.38 港元 / 股。

⑤ 高风险性。参与"对赌"的企业可能输掉几千万股股份，或以市场溢价 20% 的价格赎回股份。

⑥ 股份在香港证券市场流动自由。

⑦ 投资者仅为财务投资，不介入企业的公司治理，也不参与企业的经营管理。

⑧ 所投资的企业属于日常消费品行业，周期性波动小，一旦企业形成相对优势，竞争对手难以替代，投资的行业风险小。

软银赛富的 "完美" 投资

对企业而言，私募股权机构注入的资本固然重要，但是更为重要的是私募股权机构能够为企业带来些什么。2006年9月软银赛富投资完美时空网络游戏公司，2007年7月底，完美时空正式在纳斯达克证券交易所挂牌上市，同年被国内创投融资发展高层论坛评为 "最佳退出案例"，堪称完美。下面来具体看看该投资的成功之处。

◎ 分析软银赛富投资完美时空的原因

软银赛富以800万美元投资完美时空，一年获得50倍的收益回报，被称为 "完美" 的投资。事实上这并不是赛富基金第一次投资网络游戏公司，在此之前赛富就曾经因为投资盛大网络游戏公司，并在Nasdaq上市退出获得高收益。对完美时空的投资则是赛富又一次独到的资本运作。对于软银赛富的投资活动可以从几个方面来进行分析。

第一个原因是公司本身条件。北京完美时空网络技术有限公司成立于2004年，由著名教育软件龙头企业洪恩软件公司董事长及其他几位IT界著名人士投资成立，团队成员基本是清华的团队，在此之前已经奋斗了十多年，彼此之间非常默契，团队也非常稳定。而且，他们的游戏设计全都是自有的知识产权，他们致力于民族网游事业发展，打造世界级精品网游，争作中国网游开发第一团队。很多人对于完美时空并不陌生，完美时空旗下的很多游戏产品都被广为熟知。例如《完美世界》、《武林外传》、《赤壁》、《神雕侠侣》及《倚天屠龙记》等，深受游戏玩家的喜欢。

其次在于中国的游戏行业发展迅速。中国自主开发的网络游戏在国内市场显现出了巨大的优势，根据数据显示，2006 年中国自主研发的网络游戏创造了 42 亿元的营收，占国内网络游戏总营收的 64.8%。并且根据市场来看，国内的游戏仍然处于一个快速发展的成长阶段，下图所示为国内游戏的发展历程。

| 1996 年游戏出现 | 单机版 PC 游戏、游戏机及电视游戏出现。 |

1997~2001年游戏起步阶段	各类互联网游戏出现，网络游戏进行商业运作，游戏市场开始产业化，国外网络游戏进入国内。
2002~2005年游戏发展阶段	国内游戏竞争加剧，游戏成为最新的盈利项目；从原本单纯的游戏代理到自主研发与代理并进；游戏的市场开始细分；游戏用户和销售收入都快速增长。
2005年以后游戏较稳定发展	游戏市场规模迅速增长，同时自主研发的游戏渐渐成为主流游戏。

第三个原因在于政策法规的监管与扶持。从 2000 年以后，国内相关部门出台了一系列政策法规案来规范游戏的发展，如表 11-1 所示。

表 11-1　政策法规对游戏行业的规范

时间	机构	法规	内容
2000 年 9 月	国务院	《互联网信息服务管理办法》	让我国互联网出版包括互联网游戏有法可依
2002 年 6 月	新闻出版总署和信息产业部	《互联网出版管理暂行条例》	完善了游戏的管理原则和办法
2004 年 5 月	中央文明委	《关于进一步加强和改进未成年人思想道德建设的若干意见》	新闻出版总署推出"中国民族网络游戏出版工程"
2007 年 4 月	新闻出版总署等八部委	《关于保护未成年人身心健康，实施网络游戏防沉迷系统的通知》	网络运营商要在所有网游中试运行防沉迷系统
2010 年 6 月	文化部	《网络游戏管理暂行办法》	是国内第一部专门针对网络游戏进行管理和规范的部门规章，并首次将网游玩家进行实名注册提上相关法案

正是这几点原因，让软银赛富关注到了完美时空，而正处于发展阶段中的完美时空需要资金来进行游戏的研发，所以需要私募股权资金的注入，因此两者进行了战略合作。

◎ 软银赛富与完美时空的投资合作

2006 年 9 月 6 日，软银赛富以每股 0.1 美元的价格从完美时空获得 8 000 万股 A 类可转换优先股，占股 35%。其中 1 000 万股由完美时空创始人以 0.000 01 美元购买，然后再转卖给软银赛富。

为了获得国际私募股权的投资，完美时空进行了组织结构重组，在开曼群岛注册了完美时空有限公司，2006 年 8 月成立了北京完美时空软件公司，这是在中国的一家全资子公司。完美时空有限公司对北京完美时空软件有限公司进行 100% 控股。而北京完美时空软件有限公司与北京完美时空网络有限公司达成了一系列协议，包括技术支持和服务协议、公司发展协议、公司运营协议、看涨权证协议及股权质押协议。系列协议签订之后，北京完美时空网络公司的主要资产和人事转移到北京完美时空软件有限公司，完美时空有限公司间接实现了有效的自我控制。

融资完成之后，完美时空得到了快速发展。2007 年 7 月，完美时空在美国纳斯达克证券交易所上市，发行 900 万份美国存托凭证（ADS），特定股东 280 万份 ADS，承销商有 177 万份的超额配售权。上市之后，完美时空普通股股数 179 285 720，融资约 1.88 亿美元。

公开上市之前，软银赛富持有完美时空 35.85% 的股权，约 8 400

万股股份，相当于 1 680 万份 ADS。按照首日开盘价 17.5 美元进行计算，软银赛富持有的股份市值增长到 29 400 万美元，获得了 35 倍收益。而此次软银赛富的退出也被称为一次完美的退出。

◎ 软银赛富投资完美时空案例分析

软银赛富对完美时空的这次私募股权投资可以说是完美的战略合作，软银赛富除了给完美时空带来资金之外，还给完美时空带来其他的资源，帮助完美时空的发展，也给了很多创业企业以启示。

企业成功上市应该具备的条件

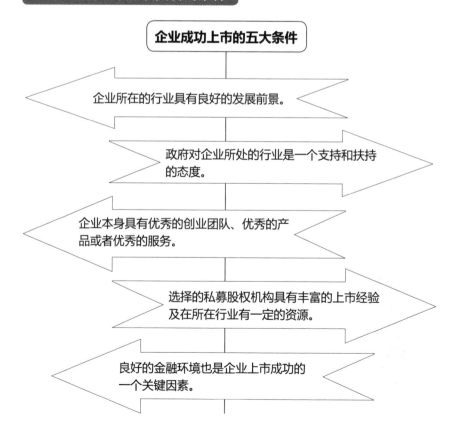

企业成功上市的五大条件

企业所在的行业具有良好的发展前景。

政府对企业所处的行业是一个支持和扶持的态度。

企业本身具有优秀的创业团队、优秀的产品或者优秀的服务。

选择的私募股权机构具有丰富的上市经验及在所在行业有一定的资源。

良好的金融环境也是企业上市成功的一个关键因素。

私募对完美时空的帮助

缓解企业资金压力

缓解企业的资金压力是私募股权投资对企业最重要的一个帮助，对处于创业中的完美时空尤其如此。网游是一个前期需要大量资金投入研发的行业，而完美时空2004年到2006年年底一直都处于一个亏损的状态。资金的支持使得完美时空在行业竞争的关键阶段上得到了帮助，取得了宝贵机会。

处于发展中的游戏行业，市场环境过于复杂，影响企业经营的不可控因素太多，这对于还处在发展阶段的完美时空是不利的。这时候引入背景资源雄厚的私募股权投资公司，通过投资公司的实力及相关的经验等，帮助分散了企业的经营风险。

分散企业经营风险

帮助企业上市

完美时空虽然有上市的实力和想法，但是由于自身经验的限制，所以依靠自身上市存在很多局限。但是软银赛富投资机构本身帮助过很多企业成功上市，在这方面具有一定的经验，所以在完美时空的公开上市中，软银赛富起到了不可忽视的作用。

纵观完美时空的发展历史可以看到，从2006年开始，完美时空就针对国际市场，将旗下的大型3D网游《完美世界国际版》出口日本、越南、马来西亚、新加坡、韩国及巴西等国家。完美时空经营重点在于扩大国际业务，而软银赛富丰富的股基经验帮助其顺利实现了国际扩张。

开拓国际市场

　　软银赛富在投资的过程中，除了注入资金之外，更为重要的是给完美时空提供了丰富的资源，创业企业与投资公司之间形成了资源对接，这是一种最为理想的投融模式。

国内第一家纽交所上市的民企无锡尚德

　　2005 年 12 月，无锡尚德在美国纽约交易所挂牌上市，成为国内第一家登陆纽交所的中国民企，其中的意义不言而喻。在无锡尚德成功上市的过程中，私募股权基金发挥了重要的作用。

◎ 无锡尚德融资的背景

　　无锡尚德太阳能电力有限公司（以下简称"尚德电力"）于 2001 年 1 月建立，是一家集研发、生产和销售为一体的外商独资高新技术光伏企业，主要从事晶体硅太阳电池、组件、光伏系统工程、光伏应用产品的研究、制造、销售和售后服务。

　　尚德电力全球分支机构遍及北京、上海、旧金山、东京、慕尼黑、罗马、马德里、沙夫豪森、首尔和悉尼等重要城市，目前拥有 5 个生产基地，分别位于无锡、洛阳、青海、上海及日本长野，在全球拥有约 11 000 名员工。尚德电力公司于 2004 年被 PHOTON International 评为全球前十位太阳电池制造商，并在 2005 年进入前 6 位。下图所示为尚德电力的 LOGO。

公司成立之后的第一期目标是从目前最先进的多晶硅太阳电池起步，5 年之内成为国际太阳电池产业的重要制造商之一。为了保持在太阳电池领域未来的竞争优势，公司组建了一个由中国的澳大利亚科学组构成的具有世界先进水平的研发中心。

经过 3 年的创业期之后，尚德电力开始进入企业的成长期，但是负债比例也开始增高。虽然短期内不需要开展融资活动，但是随着行业内竞争的日益激烈，企业内的现有资金显然已经不能够满足尚德电力的发展需求，所以尚德电力开始寻求资本市场的帮助。

◎ 无锡尚德融资的过程

2001 年 1 月，无锡市政府决定支持尚德电力的项目，公司注册资本金为 800 万美元。政府提出了两个条件：第一，创始人需要拿出一定的资金投入项目当中；第二，尚德电力的技术和成果全部属于合资公司，不能与其他任何一方进行同样项目的合作。对此，尚德电力同意了。

同年 5 月，创始人将自己的资产进行抵押变卖，投入公司。经过一番谈判，创始人占 25% 的股份，其中技术股占 20%，折合 160 万美元，现金股 5%，折合 40 万美元。

到了 2002 年 8 月，尚德电力第一条生产线开始投产，产能为 15 兆瓦 / 年，这在当时相当于中国光伏电池产量 4 年的总和。但是，2002 年尚德电力公司销售额 1 000 多万元，亏损了 700 多万元。虽然随着企业的发展，各方面的规模逐渐开始稳定，但是企业仍然处于少资金钱的状态，直到 2004 年，尚德电力的净利润才达到了 1 980 万美元，而 2005 年前 3 个季度的净利润就已达到了 2 000 万美元。

2003 年 6 月、2004 年年初及 2004 年 8 月，尚德电力创始人 3 次向董事会提出扩充产能的报告，均获得批准，但是股东却没有为此进行直接投资。2004 年下半年，行业的竞争对手开始迅速地崛起，而企业面临扩产、购买原材料，但却没有资金。此时，银行贷款的负债率已经达到了 60%。为了实现公司的私有化，国有股东退出，尚德电力选择了"过桥贷款"。

2005 年 1 月 11 日，意在帮助创始人取得控制权的"尚德 BVI"公司成立，该公司由创始人持有 60% 的股份，由"百万电力"持有 40%。为什么选择与"百万电力"公司合作呢？因为创始人收购国有股权需要资金，而"百万电力"统一为其提供"过桥贷款"6 700 万港元，双方于"尚德 BVI"成立之前签订了一份《过桥贷款协议》。

根据这份《过桥贷款协议》约定，"百万电力"对尚德 BVI 的债券可以转换成在"尚德 BVI"的股权。而转换比例分为两步：第一步，当"尚德股份的 BVI"收购"无锡尚德"全部国有股权后（当时国有股占"无锡尚德"68.611%，PSS 占 31.389%），"百万电力"在"尚德 BVI"的股权比例可以保持在 40% 不变，该贷款在会计处理上显示由"尚德BVI"对"百万电力"的负债，变为"百万电力"对"尚德BVI"的出资；第二步，当"尚德BVI"从创始人所控制的PPS手中收购"无锡尚德"其余31.389%的股份，也就是"尚德BVI"100%控股"无锡尚德"后，"百万电力"持有"尚德BVI"25%的股份，创始人持有75%。百万电力进行投资后的无锡尚德股权结构如下图所示。

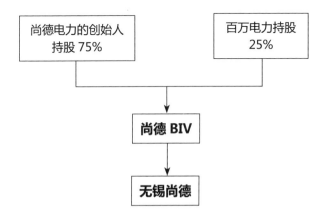

2005年5月，"尚德BVI"与海外风险投资机构签订了一份《股份购买协议》。拟以私募的方式向他们出售合计34 667 052股A系列优先股，每股2.307 7美元，合计8 000万美元。拟认购优先股的外资机构包括高盛、龙科、英联、法国Natexis、台湾Bestmanage和西班牙普凯。根据股权购买协议对无锡尚德的股权进行了重组，如下图所示。

 "尚德BVI"从江苏小天鹅集团、无锡山禾集团、无锡市创业投资公司和无锡Keda风险投资公司手中收购"无锡尚德"36.435%的股权；从无锡高新科技投资公司手中收购"无锡尚德"7.917%的股权。

由 David Dong 所控制的一家在 BVI 注册、上海办公的公司——欧肯资本从无锡国联信托投资公司和无锡水星集团手中收购"无锡尚德 24.259%"的股权。

"尚德 BVI"从 David Dong 手中收购的"欧肯资本"100% 的股权。

"尚德 BVI"从无锡尚德创始人手中收购的 PSS 的 100% 股权（PSS 拥有"无锡尚德"31.389% 的股权）。

"百万电力"向一些自然人和机构转让部分"尚德 BVI"股份，这样重组完成后的结构将是："尚德 BVI"通过 PSS 和"欧肯资本"持有无锡尚德 55.648% 的股权，同时直接持有"无锡尚德"44.352% 的股权。PSS 和"欧肯资本"应当在随后的 90 天内把自己所持有的"无锡尚德"的股份全部转让给"尚德 BVI"，使得"尚德 BVI"直接拥有"无锡尚德"100% 的股权。

国外私募为了降低风险，与无锡尚德签订了"估值调整协议"，即 A 系列优先股转换成普通股的转股比例将根据"尚德 BVI"的业绩进行调整。这一"估值调整协议"无疑对外资规避风险非常有利，但无锡尚德创始人也在协议中对自己的控制权设定了一个"万能"保障条款：无论换股比例如何调整，都不能超过公司股本的 40%。

根据协议内容，"尚德控股"向"尚德 BVI"现有的 16 家股东发行股票作为代价，交换这些股东所持有的"尚德 BVI"全部股份。收回那些股权之后，"尚德控股"将持有"尚德 BVI"100% 的股权，而"尚德 BVI"的 16 家股东将持有"尚德控股"100% 的股权。"尚德控股"作为最终控股公司，将择机上市。

2005 年 12 月 14 日，"尚德控股"向公众出售 200 万股新股，老股东向公众出售 638 万股旧股，在纽交所完成上市。对外资机构而言，按照公司发行价 15 美元计算，其 2.3077 美元的购股成本价半年之内增值了 6.5 倍，按照公司上市收入收盘价计算，增值了近 10 倍。对于无锡尚德的创始人而言，除了"无锡尚德"成立之初的 40 万美元股金之外，几乎没有任何资金的追加，而最终却拥有了 46.8% 的股份，价值超过了 14.35 亿美元。

至此，无锡尚德已经实现了从技术到生产力，再到商业价值和资本价值的转换。下面可以根据无锡尚德上市前后的财务数据分析查看无锡尚德的资本变化，如表 11-2 和 11-3 所示。

表 11-2　无锡尚德上市前后的资产变化（单位：百万美元）

	2002 年	2003 年	2004 年	2005 年 9 月
总资产	10	17	68	135
净资产	6	7	27	64

表 11-3　尚德电力上市前的业绩（单位：百万美元）

	2002 年	2003 年	2004 年	2005 年 1～9 月
收入	3	14	85	137
净利润	−1	1	20	20
净利润率	−30%	7%	23%	15%

◎ 无锡尚德融资案例的分析

无锡尚德的成功上市，不但使无锡尚德创始人个人获得了企业控制权和惊人的财富，而且"百万电力"等中途资金提供者也都在短期内获得了高额的回报。回顾无锡尚德的整个上市过程可以发现，它的上市对国内的民营企业具有重要的参考价值和借鉴学习的地方。

无锡尚德选择海外上市的原因

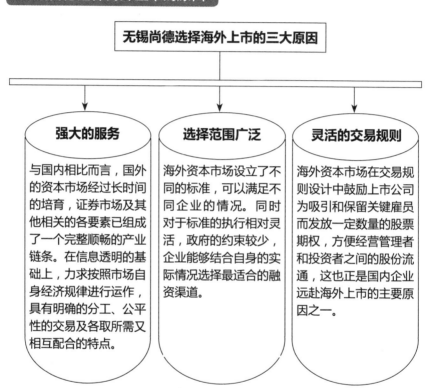

无锡尚德选择海外上市的三大原因

强大的服务

与国内相比而言，国外的资本市场经过长时间的培育，证券市场及其他相关的各要素已组成了一个完整顺畅的产业链条。在信息透明的基础上，力求按照市场自身经济规律进行运作，具有明确的分工、公平性的交易及各取所需又相互配合的特点。

选择范围广泛

海外资本市场设立了不同的标准，可以满足不同企业的情况。同时对于标准的执行相对灵活，政府的约束较少，企业能够结合自身的实际情况选择最适合的融资渠道。

灵活的交易规则

海外资本市场在交易规则设计中鼓励上市公司为吸引和保留关键雇员而发放一定数量的股票期权，方便经营管理者和投资者之间的股份流通，这也正是国内企业远赴海外上市的主要原因之一。

民营企业选择海外上市的问题

虽然无锡尚德在海外上市成功，但是民营企业海外上市仍然有一些问题需要引起企业经营者的注意。

民营企业选择海外上市需要注意的问题

融资成本　　合理安排　　注意中介

国内企业海外上市融资的成本较高，信息的披露要求较为严苛。在这样的情况之下，企业经营者很容易失去对企业的控制权，以及由于缺乏对当地的法律法规的认识，容易在管理过程中出现纰漏。

追根究底，国内企业寻求海外上市只是谋求发展的一种方式。无论国内企业对于海外上市如何定位，目的都是融资，是实现财富增值的保证，所以企业需要制定合理的规划安排。

很多国内的企业并不熟悉海外资本市场，而海外上市业务的中介又呈现鱼龙混杂的局面，所以在这样的情况下，国内企业不能够急功近利，否则企业会遭遇惨重损失。

无锡尚德上市成功的分析

1 无锡尚德依靠私募股权投资机构的投资机制和资金来发展壮大企业，促进发展。

2 无锡尚德企业自身的实力是吸引私募股权投资机构的重要原因，产能优势也是无锡尚德盈利的重要原因之一。

3 无锡尚德企业可以持续发展的商业模式和良好的公司治理结构都是公司成功上市的重要原因。

4 无锡尚德依靠企业自身的技术创新与私募股权资本的投资，使得企业成为第一家民营高科技企业，在海外资本市场成功上市。

5 无锡尚德为了能够与竞争对手拉开距离，保持行业领先，一直追求技术性的创新。

6 无锡尚德的股权重组吸引了国际资本市场的投资热情，激励了高盛等外资机构的入股。

7 政府的支持给了无锡尚德很大的帮助，借助政府的扶助资金，使企业渡过了艰难的创业期。

虽然无锡尚德的成功上市离不开私募股权资本的帮助，但是私募股权的投资与回报最终都是依靠企业的创业和经营来完成，而企业的创业是否成功关键在于企业自身的实力与人力。所以，创业企业想要得到私募资本的帮助，或私募股权想要通过创业企业得到高额回报，都需要企业自身的努力，这样才能够实现双赢。

读 者 意 见 反 馈 表

亲爱的读者：

感谢您对中国铁道出版社的支持，您的建议是我们不断改进工作的信息来源，您的需求是我们不断开拓创新的基础。为了更好地服务读者，出版更多的精品图书，希望您能在百忙之中抽出时间填写这份意见反馈表发给我们。随书纸制表格请在填好后剪下寄到：北京市西城区右安门西街8号中国铁道出版社综合编辑部 张亚慧 收（邮编：100054）。或者采用传真（010-63549458）方式发送。此外，读者也可以直接通过电子邮件把意见反馈给我们，E-mail地址是：lampard@vip.163.com。我们将选出意见中肯的热心读者，赠送本社的其他图书作为奖励。同时，我们将充分考虑您的意见和建议，并尽可能地给您满意的答复。谢谢！

- -

所购书名：_____

个人资料：

姓名：_____ 性别：_____ 年龄：_____ 文化程度：_____

职业：_____ 电话：_____ E-mail：_____

通信地址：_____ 邮编：_____

您是如何得知本书的：

□书店宣传 □网络宣传 □展会促销 □出版社图书目录 □老师指定 □杂志、报纸等的介绍 □别人推荐
□其他（请指明）_____

您从何处得到本书的：

□书店 □邮购 □商场、超市等卖场 □图书销售的网站 □培训学校 □其他

影响您购买本书的因素（可多选）：

□内容实用 □价格合理 □装帧设计精美 □带多媒体教学光盘 □优惠促销 □书评广告 □出版社知名度
□作者名气 □工作、生活和学习的需要 □其他

您对本书封面设计的满意程度：

□很满意 □比较满意 □一般 □不满意 □改进建议

您对本书的总体满意程度：

从文字的角度 □很满意 □比较满意 □一般 □不满意
从技术的角度 □很满意 □比较满意 □一般 □不满意

您希望书中图的比例是多少：

□少量的图片辅以大量的文字 □图文比例相当 □大量的图片辅以少量的文字

您希望本书的定价是多少：

本书最令您满意的是：

1.
2.

您在使用本书时遇到哪些困难：

1.
2.

您希望本书在哪些方面进行改进：

1.
2.

您需要购买哪些方面的图书？对我社现有图书有什么好的建议？

您更喜欢阅读哪些类型和层次的理财类书籍（可多选）？

□入门类 □精通类 □综合类 □问答类 □图解类 □查询手册类

您在学习计算机的过程中有什么困难？

您的其他要求：